LA GAUCHE DEVANT L'HISTOIRE

VINCENT DUCLERT

LA GAUCHE DEVANT L'HISTOIRE

À la reconquête d'une conscience politique

ÉDITIONS DU SEUIL
*27, rue Jacob, Paris VIe*

ISBN : 978-2-02-099682-2

www.editionsduseuil.fr

à mon père

Introduction

À la recherche de la gauche

La gauche française fut forte, politiquement et moralement, lorsqu'elle assuma l'histoire en train de se faire et qu'elle ne se laissa pas dominer par elle. C'est la leçon qui découle de son étude, en particulier de celle des socialistes lorsqu'ils entrèrent dans l'âge de la politique moderne au début de la IIIe République et que se posa pour eux la question de la démocratie. Mais cette connaissance qui nous paraît essentielle aujourd'hui oblige à chercher ce passé de la gauche et des socialistes en dehors des récits conventionnels qu'en tracent les appareils, les dirigeants ou les congrès. Il faut regarder avant la naissance du Parti socialiste de 1905 et sur ses marges durant tout le XXe siècle pour comprendre la force politique que représenta la gauche et mesurer son effondrement actuel. Depuis le choc du 21 avril 2002 où Lionel Jospin échoua au premier tour de l'élection présidentielle, laissant s'affronter au second le candidat de droite et celui d'extrême droite, le Parti socialiste multiplie les défaites en dépit de succès électoraux qui ne peuvent plus faire illusion. Son désarroi actuel devant la montée de la gauche anticapitaliste et antidémocratique apparaît sans issue. Et son impuissance à agir face au président de la République Nicolas Sarkozy devient un problème politique crucial qui pèse sur l'avenir du pays.

La situation actuelle de la gauche n'obère pas seulement sa capacité à survivre. La faiblesse dramatique qui est désormais la sienne affecte la France entière et toute la République. Sa responsabilité dans le recul de la démocratie est considérable. Comme l'a clairement souligné l'historien américain Tony Judt, « l'un des pires aspects de la France de Sarkozy » est le champ libre laissé à sa politique. « C'est grave : n'oublions pas que c'est l'absence d'une opposition démocratique digne de ce nom aux États-Unis qui a permis la catastrophe Bush [1]. » Un sursaut de la gauche intéresserait donc bien au-delà de ceux qui, politiquement, s'y rattachent. Il ne s'agit de rien de moins que de maintenir en France un cadre démocratique. La gauche – et en son sein les socialistes – ne manque pourtant pas d'atouts pour revenir au cœur du débat et de l'action politique. Les enseignements de son histoire le prouvent, et plus encore le lien qu'elle tissa avec l'histoire pour nourrir sa pensée.

*

La recherche des raisons de cette faillite ramène en effet à une pensée de l'histoire, que la gauche semble avoir définitivement abandonnée après l'avoir si fortement incarnée. Avant l'unité des socialistes en 1905, il y eut une période cruciale qui ne peut laisser indifférent aujourd'hui. Des enseignements politiques décisifs y sont présents. Dans ces temps préhistoriques, des socialistes ont mené, de la résistance contre le boulangisme à la défense du capitaine Dreyfus, de la bataille contre les « lois scélérates » à la séparation des Églises et de l'État, des combats majeurs, fondateurs non seulement du socialisme démocratique mais aussi de la démocratie républicaine

1. Entretien pour *Le Nouvel Observateur*, 15-21 janvier 2009.

et des valeurs françaises les plus essentielles. La naissance de la SFIO est venue après ce temps d'engagement et de liberté. Le Parti socialiste unifié ne s'est pas, ou peu, identifié aux luttes qui l'avaient précédé et qui le dépassaient. L'unité avait même pour fonction de dissoudre d'une certaine manière les défis historiques qui risquaient de diviser les socialistes comme ils les avaient séparés dans le passé. D'où la glaciation progressive des appareils. Car le refus des luttes civiques et morales excluait les débats et les reformulations qui avaient été ceux des socialistes avant 1905.

Que la SFIO après 1945 puis le Parti socialiste à partir de 1971 n'aient pas embrassé de grandes causes, susceptibles de forger des identités politiques durables, à l'exception de quelques combats emblématiques comme l'abolition de la peine de mort avec Robert Badinter, ne signifie pas que ces enjeux majeurs n'aient pas existé. Bien au contraire. Leur extension, leur aggravation résultèrent largement de la défection des socialistes et de la gauche majoritaires. Et ils firent précisément l'objet de joutes héroïques, émanant de dissidents, de minoritaires ; mais ceux-ci restèrent marginaux, rejetés même après que l'histoire leur eut donné raison, à mesure que le parti devenait autoritaire, intolérant, violent. Entre 1905 et 1914, il a été possible à un Jean Jaurès, qui du reste n'avait pas revendiqué la direction du nouveau parti, de mener encore ces combats devant l'humanité et l'histoire. Léon Blum pouvait encore, en novembre 1938, dénoncer le racisme et l'antisémitisme au nom de l'idée de progrès incarnée dans l'humanité, ou bien défendre l'œuvre de la République face aux juges du procès de Riom intenté par Vichy [2].

2. In *Discours politiques*, présentés par Alain Bergounioux, Paris, Imprimerie nationale, 1997, p. 211-216 et 225-234.

À la Libération, Léon Blum revenu de déportation et André Philip de la Résistance échouèrent à prolonger cette voie démocratique au sein d'un parti dont le dogmatisme le disputait à celui du PCF. L'expérience se poursuivit au-dehors, dans ces configurations essentielles que furent le mendésisme d'abord, la deuxième gauche ensuite. Pierre Mendès France espéra changer la gauche en l'incitant à la compréhension de l'histoire et à la responsabilité de la société. Michel Rocard tenta à son tour, à partir de 1974, d'amener le Parti socialiste à se définir dans un projet authentiquement démocratique. Mais il échoua, par excès d'idéalisme et par impuissance face aux appareils. Depuis, il n'y a plus eu de dissidences comparables, capables de nourrir une réflexion éthique autant que politique. La fonction de ces dissidences fut de maintenir un possible, un progrès, un socialisme imaginaire qui donnait au socialisme une conscience démocratique. C'est ce que Blum exprima très bien dans son livre *À l'échelle humaine*, écrit à son retour des camps nazis et publié en 1945 aux éditions Gallimard. À côté de la doctrine marxiste devait se maintenir un idéal classique et humaniste qui la protégerait de l'aveuglement ou de la violence, et accompagnerait le parti vers la démocratie.

*

Ces acquis inestimables font que la connaissance critique de l'histoire est une des conditions premières pour la refondation de la gauche. Dans le passé, le passage par l'histoire lui a été essentiel pour comprendre les choix qui se présentaient à elle et les impératifs de l'action. La pensée critique de l'histoire peut porter une nouvelle conscience politique, parce que c'est avec elle que s'élaborent les fondements de la compréhension du politique. Parce que c'est là qu'une unité de la gauche peut émerger, au-delà de ses partis ou des ses courants, puisqu'une expérience de l'unité passée émerge de l'histoire reconnue. La connaissance de l'histoire est même un acte fondateur de la gauche parce que celle-ci est définie par le principe de la connaissance et de la confrontation d'idées. Lorsque les socialistes constatèrent, à l'occasion de l'affaire Dreyfus, leurs profondes divergences politiques et tactiques, ils choisirent de les affronter en organisant une confrontation d'idées entre les leaders qui les incarnaient. Ce fut la célèbre conférence dite des « deux méthodes » réunissant Jules Guesde et Jean Jaurès à Lille le 26 novembre 1900.

La volonté de connaissance définit l'identité politique de gauche. Mais la gauche a rejeté la connaissance comme elle a repoussé les intellectuels. Encore une fois, l'exemple des socialistes est probant jusqu'à la caricature. La perspective de connaissance et de pensée du Parti socialiste est ainsi réduite à une rhétorique qui ne masque même plus ses insuffisances, comme l'a révélé le « Texte d'orientations politiques 2008-2011 » de la nouvelle direction sortie du scrutin interne du mois de novembre 2008. Les « valeurs de toujours » sont invoquées mais jamais définies ou nommées précisément, alors que la renaissance de la gauche dépend justement de sa capacité à leur redonner du sens [3]. Le Parti socialiste court le risque, une fois de plus, de se payer de mots. S'il veut vraiment devenir une grande force d'opposition propre à réveiller le sens de la politique dans notre pays, un travail critique substantiel attend ceux qui en ont pris la direction. Ou ceux qui

3. Voir la note à l'adresse suivante : <http://blogs.lexpress.fr/a-l-elysee/2008/12/voici-enfin-le-texte-dorientat.php> ; et notre critique, « PS. Lecture d'un texte d'orientations politiques », 7 décembre 2008, Mediapart, <http://www.mediapart.fr/club/blog/vincent-duclert/071208/ps-lecture-d-un-texte-d-orientations-politiques>.

veulent simplement s'attacher à l'essentiel, c'est-à-dire, pour commencer, à la liberté d'expression et à la volonté de penser sans carcan.

*

Cette place sacrifiée de la connaissance dans le Parti socialiste a pour corollaire le statut marginal des intellectuels. La gauche majoritaire et le Parti socialiste en particulier leur ont même résolument tourné le dos depuis les années 1950. En agissant de la sorte, les socialistes ont nié une bonne part de leur histoire, cette histoire par ailleurs régulièrement célébrée comme une mythologie sans qu'aucun enseignement constructif en soit conservé, malgré certaines volontés d'en témoigner [4]. Des intellectuels agissent certes pour le compte des socialistes ou de la gauche. Mais, afin d'exister, ils sont contraints de minimiser leur identité et d'endosser les habits de la bureaucratie, ou bien d'accepter d'être les faire-valoir d'un parti qui en vérité ne les reconnaît pas. Le Secrétariat national compte dans ses rangs l'un des meilleurs historiens du socialisme en la personne d'Alain Bergounioux [5]. Christophe Prochasson, autre spécialiste de l'histoire politique de la gauche, participe aux initiatives du club L'Argument public. Gilles Candar, qui

4. On peut mentionner la tentative, en avril 2008, du secrétaire national aux études Alain Bergounioux d'établir une « déclaration de principes » du Parti socialiste, la cinquième seulement en un siècle, dont le préambule se réfère aux racines historiques du socialisme. Ce texte qui ambitionne de définir intellectuellement le Parti socialiste est resté confidentiel et n'est jamais mis en avant par ses dirigeants. On peut renvoyer aussi à la récente création, par le député PS Christian Paul, d'une « boîte à idées », sous la forme d'un « laboratoire » réunissant experts, citoyens et politiques. Mais le destin de telles initiatives demeure fragile dans un parti qui, de l'avis de Christian Paul, « s'est éteint » (*Le Point*, 19 février 2009).

5. Cf. *L'Ambition et le Remords. Les socialistes français et le pouvoir (1905-2005)*, Paris, Fayard, 2005 (avec Gérard Grunberg).

préside les Études jaurésiennes, milite à Gauche Autrement. Ils sont appelés parfois à titre d'experts. Mais leur compétence d'historiens est ignorée dès que sont débattues les questions politiques. Elles sont résolues sans eux, sans le savoir critique dont ils sont porteurs.

L'histoire et le savoir sont inaudibles pour les dirigeants du parti et les courants qui le composent. Arnaud Montebourg, Vincent Peillon ou Aurélie Filippetti, engagés depuis près d'une décennie dans la rénovation du PS ou des Verts, ont renoncé à faire valoir la compétence intellectuelle. Le premier, avocat de profession, avait compris que celle-ci pouvait représenter une perspective de changement. Il y a renoncé depuis, préférant les jeux d'appareil au débat d'idées. Le deuxième, Vincent Peillon, continue pour sa part d'œuvrer pour la redécouverte des grands textes du socialisme [6], ou encore d'interroger le rapport des socialistes avec l'histoire au XIXe siècle [7]. Mais il se montre aussi, pour le compte de Ségolène Royal, un parfait manœuvrier des courants et des réseaux. La troisième, ancienne porte-parole des Verts arrivée en 2006 au Parti socialiste, auteur d'un essai littéraire et ambitieux sur *Les Derniers Jours de la classe ouvrière* [8], et membre fondatrice (avec Arnaud Montebourg) de la Convention pour la sixième République, n'a pas davantage tenu les promesses de rénovation politique qu'on pouvait légitimement attendre d'elle.

Le sacrifice de leurs idéaux intellectuels imposé à ces jeunes dirigeants traduit l'état de glaciation d'une formation majoritaire de la gauche. Dans une réflexion « d'après-scrutin » en

6. Il dirige la collection « Bibliothèque républicaine » aux éditions le Bord de l'eau.

7. Vincent Peillon, *La Révolution française n'est pas terminée*, Paris, Seuil, 2008.

8. Paris, Stock, 2003 ; rééd. Hachette, « Le Livre de Poche », 2005.

2007, alors que les socialistes venaient de perdre coup sur coup l'élection présidentielle et les élections législatives, Gilles Candar dressait en historien un bilan sévère mais juste de la désaffection du parti pour tout ce qui ne relevait pas de l'appareil et du pouvoir : « Quel intérêt manifestent les socialistes (parti, dirigeants, militants...) pour les analyses de Jaurès ou de Blum, ou même d'auteurs plus récents [9] ? »

Christophe Prochasson a étudié lui aussi le « désamour » du parti pour les intellectuels commencé aux lendemains de la Libération. « Jusqu'à la Seconde Guerre mondiale, le Parti socialiste entretint avec le monde des intellectuels des relations, certes heurtées, mais finalement confiantes. Ses principaux dirigeants, qu'ils en fissent ou non l'aveu, étaient d'ailleurs des intellectuels ou en avaient la trempe. » Ceux-ci revendiquaient fréquemment cette identité ou du moins ne la rejetaient pas comme de nos jours. Christophe Prochasson souligne à juste raison que les intellectuels d'aujourd'hui ne sont plus ceux d'hier et qu'il convient d'imaginer les termes nouveaux d'une rencontre plus qu'indispensable. « Redonner leurs droits aux idées, et non se noyer dans les "valeurs", reprendre confiance dans la volonté née de l'analyse du réel et de convictions enracinées dans une culture et une morale, c'est redonner à la politique un espace qu'elle semblait avoir perdu [10]. »

*

Le déclin politique de la gauche, aujourd'hui en pleine accélération, repose principalement sur ce fait essentiel : une

9. Gilles Candar, « Un jeu de patience », *Recherche socialiste*, n° 39-40, juin-septembre 2007, p. 80.

10. Christophe Prochasson, « Les intellectuels et le Parti socialiste : vieux schémas, nouvelle donne », *ibid.*, p. 113 et 119-120.

coupure avec l'histoire qui produit une véritable rupture avec la politique. L'actualité récente, qui a vu la généralisation de la pratique « des histoires que l'on raconte », ou « *storytelling* » [11], en lieu et place d'une pensée historique constituée, aggrave ce processus de faillite. La candidature à l'élection présidentielle portée par Ségolène Royal a été rendue possible par une situation où la gauche était dépourvue d'ancrage historique, de la même manière que Nicolas Sarkozy a pu réussir sa conquête de la droite parce qu'elle avait été vidée de tout système de référence idéologique après vingt ans de système chiraquien. La tentative de la candidate socialiste de renouveler le lien politique en s'adressant directement à la société (« démocratie participative ») et en récusant les états-majors aurait pu représenter un progrès pour la gauche. En raison de l'absence de réflexion historique et de la méconnaissance absolue de ce qu'a été cette conception civique du lien politique, les efforts de Ségolène Royal se sont brisés sur la légèreté de sa démarche.

La gauche ne peut faire l'économie de revenir à son histoire et de penser l'histoire. C'est même dans cette réflexion qu'elle trouvera la force de progresser et d'exister comme un avenir en France. Les historiens peuvent l'y aider en lui fournissant une matière à penser. Les chapitres qui suivent présentent des moments passés où des socialistes ont choisi de prendre l'histoire à bras-le-corps et d'en faire la mesure d'une politique résolument démocratique et sociale. Leur connaissance aujourd'hui constitue une base essentielle de la reconstruction de la gauche. Ces fragments d'une histoire politique oubliée livrent des exemples de combats que la gauche a su

11. Christian Salmon, *Storytelling*, Paris, La Découverte, 2007 ; rééd. « La Découverte poche », 2008.

mener grâce à la volonté lucide de militants et de dirigeants acceptant le prix de la dissidence. Ils constituent en cela un socle pour repenser le projet socialiste en l'inscrivant dans l'héritage le plus complet des luttes sociales, intellectuelles et politiques.

L'histoire de la gauche telle que ces fragments perdus la construisent transmet aussi, au-delà de simples *exempla*, une leçon très présente. C'est en effet l'interrogation la plus critique sur le monde qui est seule capable d'élaborer une véritable pensée politique. Et cette critique va bien sûr jusqu'à la gauche et aux socialistes eux-mêmes. On le vérifiera constamment dans ce livre. L'effort pour comprendre l'histoire en train de se faire s'accompagna toujours d'une critique de l'action politique qui aboutit à des reformulations décisives et qui inscrivit pleinement la gauche dans son temps et dans le monde. Ce corpus de réflexions pratiques donne des raisons aux socialistes de ne pas désespérer de l'avenir. Mais l'enjeu capital est bien entendu de s'en saisir.

Les socialistes français doivent en effet renoncer à leur conception mythologique de la politique pour adopter cette conception critique qui vient de la compréhension de l'histoire. En d'autres termes, ils doivent être *intellectuels*, et ne pas se contenter d'en appeler à des intellectuels qu'ils écartent sitôt qu'ils les ont entendus. Si la gauche socialiste a su trouver dans le passé des savants prêts à combattre pour ses idées, de Lucien Herr à Marcel Mauss, de Germaine Tillion à Emmanuel Terray, d'Ernest Labrousse à Madeleine Rebérioux, de Paul Ricœur à Pierre Encrevé, c'est qu'elle s'était construite elle aussi, en certains moments de son histoire, sur une volonté critique, sur une exigence de raison et sur une conscience de l'humanité. Aujourd'hui, cette démarche intellectuelle qui avait caractérisé les engagements politiques d'Allemane, de Jaurès, de Blum, de Mendès France ou d'André Philip a disparu. L'idée même d'une telle démarche est inexistante.

*

Plus que jamais, le présent de la gauche doit être confronté à la critique de l'histoire. Pour que cette critique historique devienne une idée neuve de la gauche et une conscience politique, il convient particulièrement de l'inscrire dans une histoire politique digne de ce nom, c'est-à-dire à même de penser l'expérience politique. Pour cela, il importe de ne pas limiter l'enquête aux seuls partis, élections et gouvernements et d'envisager la politique comme une vision du monde et un lien social. Il est troublant de remarquer que la rupture de la gauche avec l'histoire et son entrée dans l'âge dogmatique se sont réalisées au moment où l'histoire politique se développait comme une discipline fermée, incapable d'une mise en question d'elle-même, hostile aux sciences sociales comme au social qui permettaient justement de comprendre les expériences, les pratiques et les engagements. Ses perspectives et ses objets étaient des plus conventionnels et des moins intellectuels, au point que Jacques Julliard en dressait, en 1974, un bilan sévère : « Nous en avons assez d'une histoire politique qui avait réponse à tout parce qu'elle ne faisait question à rien ni à personne [12]. » Ce jugement sans concession sur l'histoire politique en France éclairait la situation de la politique elle-même à cette époque.

L'absence d'une conception critique de la politique chez les historiens chargés précisément de l'étudier renforce son

12. Jacques Julliard, « La politique », *in* Jacques Le Goff et Pierre Nora (dir.), *Faire de l'histoire*, t. II, *Nouvelles approches*, Paris, Gallimard, « Folio histoire », 1974, p. 315.

caractère mythologique, ses pratiques rituelles, ses discours mécaniques. On constate à l'inverse un lien dynamique entre des renouvellements historiographiques puissants et l'ambition d'un projet politique ancré dans la critique de l'histoire. L'un des acteurs de la tentative de démocratisation interne du Parti communiste fut par exemple l'historien Jean-Pierre Vernant, dont l'œuvre historienne s'avérait par ailleurs capitale pour penser la démocratie grecque et les formes contemporaines de l'engagement démocratique, de la Résistance au combat contre l'antisémitisme dans les années 1980 [13].

Le lien entre l'histoire politique et la critique politique éclaira aussi le parcours de l'historienne Madeleine Rebérioux. En 1956, elle décida d'étudier le rôle de Jean Jaurès dans l'affaire Dreyfus, manière pour elle de refuser la fatalité de la déchéance du socialisme dans la guerre d'Algérie. Comme Jaurès avait su percevoir, en mobilisant toute sa conscience et sa lucidité d'intellectuel, le défi posé par l'Affaire au socialisme et la nécessité d'en faire une étape vers la démocratie, Madeleine Rebérioux s'impliqua à comprendre les raisons proprement socialistes de lutter contre la guerre d'Algérie [14]. Histoire politique *versus* critique politique : ce fut aussi le cœur de la rencontre entre l'historien de l'Antiquité romaine Claude Nicolet et Pierre Mendès France, au moment où celui-ci et d'autres tentaient de réformer en profondeur le vieux Parti radical. Et seule une connaissance approfondie de la France politique permettait d'appréhender la vérité des projets mendésiens :

13. Cf. *Entre mythe et politique*, Paris, Seuil, « La librairie du XXe siècle », 1996, et *La Traversée des frontières (Entre mythe et politique II)*, Paris, Seuil, « La librairie du XXIe siècle », 2004. Rééd. in *Œuvres*, Paris, Seuil, 2007.

14. Cf. Madeleine Rebérioux, *Vive la République ! Histoire, droits et combats de 1789 à la guerre d'Algérie*, Paris, Démopolis, 2009.

> Ils étaient en réalité – mais il faut du recul pour le percevoir – dans le droit-fil d'une tradition républicaine française qui allie positivisme scientifique, jacobinisme d'État et solidarisme juridique à une philosophie des droits de l'homme et du citoyen. Tradition persévérante, dont les équilibres sont exigeants, et qui, souvent, s'oublie elle-même et dérive [15].

La méfiance pour les grandes idéologies explicatives du monde appartenait à l'historien comme au politique. Ces discours théoriques enfermaient la connaissance autant qu'elles limitaient l'action. L'effort pour s'en arracher, ou du moins pour refuser l'exclusive des grands systèmes, caractérisa l'attitude des socialistes français comme Jaurès, ainsi que l'expliqua le philosophe et historien libéral Élie Halévy dans son ouvrage sur le socialisme européen : « Si Jaurès a pu ainsi constituer et maintenir la cohérence du Parti socialiste pendant toute cette période [1905-1914], c'est qu'il unissait en lui-même des tendances contradictoires : auteur d'une *Histoire socialiste de la Révolution française*, où il essayait d'interpréter celle-ci à la lumière du matérialisme historique, il était en même temps un philosophe idéaliste ; affirmant le dogme de la lutte des classes, il restait pourtant attaché à la vieille tradition républicaine ; il prétendait unir le socialisme à la tradition révolutionnaire de la bourgeoisie par une République ouverte aux réformes sociales [16]. »

*

La figure de Jean Jaurès traverse à plusieurs reprises ces pages d'introduction comme elle parcourt les chapitres qui

15. Claude Nicolet, « Un parti pris radical » [1992], in *Histoire, nation, République*, Paris, Odile Jacob, 2000, p. 76-77.
16. Élie Halévy, *Histoire du socialisme européen* [1948], Paris, Gallimard, « Tel », 2006, p. 263-264.

suivent. Le choix du leader socialiste de reconnaître l'histoire plutôt que de subir les idéologies expliqua sa contribution essentielle à la démocratisation du socialisme et à la démocratie dans son ensemble. Le souci de la liberté fut constant. Jaurès en fit la définition du socialisme, et au-delà de toute la gauche qu'il rêvait d'unir sur cette valeur, à l'image de l'itinéraire de son ami Francis de Pressensé : « ce grand libéral vint au socialisme, qui lui apparaissait comme la garantie unique de la liberté [17] ». La définition de la politique telle que la proposa Max Weber au terme de sa leçon du 23 janvier 1919 sur « la profession et la vocation de politique » s'applique particulièrement à ces ouvriers patients et obstinés du socialisme français qui n'ont, en définitive, rien cédé de l'exigence de demeurer dans l'histoire et dans la République pour construire la démocratie présente.

> La politique consiste à creuser avec force et lenteur des planches dures, elle exige à la fois la passion et le coup d'œil. Il est tout à fait exact, et toute l'expérience historique le confirme, que l'on n'aurait jamais atteint le possible si l'on n'avait toujours et sans cesse dans le monde visé l'impossible. [...] Seul celui qui est certain de ne pas s'effondrer si le monde, considéré de son point de vue, est trop stupide ou trop vulgaire pour ce qu'il veut lui offrir, celui qui est capable de dire, face à tout cela : « quand même ! », seul un tel homme a la « vocation » de la politique [18].

Dans les remises en cause brutales de bien des fondements de la gauche française, il n'est demeuré que peu de certitudes.

17. In *Bulletin de la Ligue des droits de l'homme*, 1er février 1914, p. 172.
18. Max Weber, *Le Savant et le Politique*, préfacé, trad. de l'allemand et annoté par Catherine Colliot-Thélène, Paris, La Découverte, « La Découverte poche », 2003, p. 206.

Mais il y en une qui continue de définir, envers et contre tout, l'idée que les socialistes doivent se faire de la politique et que Pierre Encrevé énonça au cours d'un colloque sur « la gauche et l'identité nationale » : la certitude de refuser « la capitulation intellectuelle et idéologique » [19]. La droite s'est engouffrée dans la voie ouverte par Nicolas Sarkozy et ses conseillers, l'ancien commissaire au plan Henri Guaino et l'ancien socialiste Max Gallo, à l'origine de la thèse de « l'identité nationale ». La gauche ne l'a guère combattue mais du moins l'a-t-elle tenue à distance, pressentant confusément que ce faux concept était incapable de définir son histoire ou celle de la France à laquelle elle s'identifiait largement [20]. La certitude de refuser la capitulation intellectuelle a résisté. La volonté de penser a surnagé. Il est temps pour elle d'aller plus loin et d'ancrer sa pensée de la politique dans l'histoire, surtout si l'histoire politique lui apporte des outils critiques substantiels. Pour notre part, nous avons choisi, dans les chapitres qui suivent, d'approfondir des moments, des expériences et des combats où la gauche française inventa son histoire plutôt que de la subir, contribuant en cela à écrire des pages décisives de l'histoire contemporaine.

Cette connaissance permettra aux socialistes d'aujourd'hui de dépasser, nous l'espérons, les oppositions de doctrines ou les conflits de personnes en les historicisant, c'est-à-dire en montrant tout ce qu'ils doivent à des héritages historiques non assumés et l'impasse vers laquelle ils conduisent. Le « glissement nationaliste » qui se marqua particulièrement durant la campagne pour la ratification de la Constitution européenne

19. Pierre Encrevé, « L'identité nationale, un concept pertinent ? », *La Nouvelle Revue française*, n° 587, octobre 2008, p. 124-125.

20. Cf. Vincent Duclert, *La France, une identité démocratique. Les textes fondateurs*, Paris, Seuil, 2008.

en 2005 fut ainsi légitimé, comme le releva l'historien britannique Sudhir Hazareesingh, « par une vigoureuse dénonciation du "libéralisme", grand mythe négatif de la gauche en France et symbole éternel de tous les péchés économiques et sociaux du "modèle anglo-saxon". Il est urgent que les socialistes (re)trouvent un discours et une pratique cohérente sur ces questions car – est-il besoin de le rappeler ? – la première vague de mondialisation, qui avait nourri tant d'espoirs, sombra finalement dans le cataclysme de la Grande Guerre [21] ».

Il est urgent que les socialistes retrouvent la maîtrise de leur destin, qui passe par la compréhension de leur histoire. Il est possible que celle-ci leur réserve même des surprises. Car ce livre traduit la contribution majeure d'hommes et de femmes de gauche au progrès des libertés politiques et de la justice sociale. Leur contribution en d'autres termes à ce qui ressemble singulièrement aux luttes de libéraux américains contre l'ultraconservatisme des républicains. Dans son livre *La Conscience d'un libéral*, l'intellectuel américain Paul Krugman, prix Nobel d'économie en 2008, expliquait : « Je crois à une société relativement égalitaire, soutenue par des institutions qui limitent l'extrême richesse et l'extrême pauvreté. Je crois à la démocratie, aux libertés civiles et à l'État de droit. C'est ce qui fait de moi un libéral, et j'en suis fier [22]. »

*

La force et la clarté d'une telle déclaration sont actuellement inimaginables dans la gauche française, et particulièrement

21. Sudhir Hazareesingh, « À la recherche de l'identité socialiste, hier et aujourd'hui », *Cahiers Jaurès*, n° 187-188, janvier-juin 2008, p. 134.
22. Paul Krugman, *L'Amérique que nous voulons*, trad. de l'anglais (États-Unis) par Paul Chemla, Paris, Flammarion, 2008, p. 323.

les socialistes incapables de définir ce qui fait leur socialisme. Ce qui autorise Paul Krugman à écrire avec une conviction si affichée et à affirmer sa fierté d'être un libéral vient très précisément de la critique historique qu'il mène sur l'ultra-conservatisme américain et les accomplissements démocratiques du New Deal de Franklin D. Roosevelt. Ce travail est à la portée des socialistes français. En se donnant l'histoire comme horizon critique de la politique, la gauche française peut devenir à la fois une force de démocratie et une alternative au conservatisme. Elle peut renouer avec des engagements du passé, à la valeur présente, qui dessinent un savoir, une fierté. Elle peut retourner vers des corpus oubliés, à la langue juste, qui expriment la fierté d'avoir combattu pour une œuvre de justice, d'humanité et d'honneur.

Ces questions générales sur la gauche et l'histoire méritent d'autant plus d'être posées que la dégradation politique de la gauche s'accompagne d'une incapacité intellectuelle à analyser cet échec présent, ou même à se le figurer. De telles interrogations sont rejetées par ses dirigeants, elles n'ont pas droit de cité dans les congrès et les motions. Et pourtant elles hantent la conscience des militants et des électeurs. Jamais la coupure n'a été aussi forte entre le Parti socialiste et ceux et celles qui en constituent la réalité vivante ; sauf à la fin des années 1950, lorsque la vieille SFIO, discréditée par la politique gouvernementale de Guy Mollet, notamment dans la guerre d'Algérie (le « national-molletisme »), vivait ses dernières années avant sa disparition pure et simple. Ces questions méritent aussi d'autant plus d'être posées que la gauche dispose de ressources politiques considérables, qui seraient à même de l'ancrer dans les combats présents et les défis victorieux, y compris électoralement. Les électeurs votent plus volontiers pour une formation et des leaders s'ils en sont fiers.

Mais on en est loin. Cette impuissance n'est pourtant pas une fatalité. Les conditions pour reconnaître ces ressources politiques considérables sont doubles, et elles viennent d'être esquissées dans ce qui précède.

Il s'agit d'abord de considérer que le Parti socialiste, qui rassemble aujourd'hui une bonne partie des forces démocratiques de gauche, n'épuise pas, justement, ces dernières. La gauche ne se réduit pas à des structures, des cadres, des dirigeants. Elle s'exprime aussi dans des actes individuels, des actions collectives, des identités sociales. La gauche est faite d'idées, d'expériences, de mémoire. Elle est faite de militants, d'intellectuels, d'indépendants. Le 22 janvier 1998, dans un éditorial du *Nouvel Observateur*, Jacques Julliard relevait cette vérité lors d'un retour sur une vive polémique ouverte à propos du passé dreyfusard de la France : « On a eu raison de rappeler que les radicaux et les socialistes ne furent pas d'ardents dreyfusards, et que le plus souvent ils ont voté avec la droite qui, elle, était résolument antidreyfusarde. Mais depuis quand la gauche se réduit-elle à ses partis et à ses hommes politiques ? Car enfin, où se recrutaient les dreyfusards sinon parmi les intellectuels de gauche ? [...] Alors, de grâce, que l'on ne nous raconte pas d'histoires et, surtout, que l'on ne nous la refasse pas, l'histoire ! »

Et, de la même manière que le Parti socialiste n'épuise pas les socialistes, la gauche française ne se réduit pas non plus aux seuls socialistes. La connaissance de son histoire ouvre la voie à une critique politique qui peut relancer toute la dynamique unitaire. L'histoire passée enseigne précisément cette vérité politique. Et toute réflexion sur l'histoire est, aujourd'hui, un réinvestissement dans la pratique et la politique. Cet ouvrage se veut donc à la fois une restitution du passé oublié du socialisme démocratique, et la démonstration que la critique de l'histoire peut redonner un sens à la politique à gauche. Et même au-delà. Car l'histoire du socialisme démocratique traitée dans ces pages appartient à l'histoire nationale. Les combats de la gauche furent ceux de la République confrontée à la question démocratique et sociale. Toute réflexion sur l'histoire est le début de la conscience politique. C'est-à-dire sa reconquête à gauche, à l'heure présente.

1

Aux origines du socialisme démocratique. Des combats exemplaires à la fin du XIXe siècle

L'entrée des socialistes dans l'âge moderne de la politique se réalisa dans une grande confusion. Pourtant des acquis essentiels furent sauvegardés au contact d'une histoire qui demeure méconnue. La parcellisation des formations militantes, la concurrence qu'exerçaient radicaux et anarchistes, et l'indépendance revendiquée des organisations syndicales obligèrent les socialistes à se déterminer politiquement. À se déterminer par rapport à la République dite « bourgeoise ». Et à choisir, pour certains, le camp des libertés contre l'enfermement doctrinaire, le temps de la réforme [1] contre le « marxisme introuvable [2] ».

1. Cf. Christian Topalov (dir.), *Les Laboratoires du nouveau siècle. La nébuleuse réformatrice et ses réseaux en France (1880-1914)*, Paris, École des hautes études en sciences sociales, 1999. Christophe Prochasson, *Les Intellectuels et le Socialisme*, Paris, Plon, 1997.
2. Cf. Daniel Lindenberg, *Le Marxisme introuvable*, Paris, Calmann-Lévy, 1975.

Le principe de réalité

Si le « premier » socialisme, celui de la Révolution française et du XIXe siècle, ne s'était pas défini fondamentalement dans un rapport à la démocratie, il en fut très différemment au tournant des années 1870. La question devint même centrale pour les socialistes et les divisa profondément. Comme le rappela Élie Halévy dans son étude capitale sur le socialisme européen, Jules Guesde fut à l'origine de la constitution du premier parti socialiste en France. Celui-ci fut de tendance marxiste et autoritaire. En 1877, après une première période plus radicale et anarchiste, Jules Guesde était en effet devenu un marxiste orthodoxe. Avec l'aide de Marx lui-même qu'il rencontra à Londres en 1879, il rédigea un programme qui devint, l'année suivante, au congrès socialiste du Havre, la « Charte du Parti des travailleurs socialistes de France ». Son nom définitif fut le Parti ouvrier français. Mais les scissions se multiplièrent. Elles débutèrent avec les partisans d'Auguste Blanqui, « irréductiblement hostiles au marxisme » et très attachés par ailleurs à « la tradition des journées d'insurrection et d'héroïsme révolutionnaire » [3]. Elles furent suivies par la rupture avec les amis de Paul Brousse appelés « possibilistes », ainsi nommés en raison de leur intention exprimée « de fractionner le but idéal, d'immédiatiser quelques-unes des revendications pour les rendre possibles ». Une partie d'entre eux allèrent créer en 1890 le Parti ouvrier socialiste révolutionnaire, sous l'impulsion d'un ancien communard revenu de Nouvelle-Calédonie, Jean Allemane, devenu artisan typographe à Paris et paré d'un grand prestige dans les milieux ouvriers de la capitale.

3. Élie Halévy, *Histoire du socialisme européen*, *op. cit.*, p. 261.

Le nouveau parti se caractérisait par un recrutement essentiellement ouvrier, une méfiance envers les hommes d'appareil et une très forte implantation à Paris. Il prônait la grève générale, encourageait le syndicalisme révolutionnaire et affirmait un antimilitarisme militant. Les socialistes se fragmentaient.

Le risque de désintégration complète du socialisme naissant conduisit les députés socialistes de toute tendance à se rassembler dans un groupe unique. Celui-ci vit le jour en 1893 sous le nom d'Union socialiste de la Chambre. Les socialistes dits indépendants, qui n'appartenaient à aucune des trois grandes formations, y adhérèrent, tels Alexandre Millerand, René Viviani, Aristide Briand et Jean Jaurès qui venait de faire son entrée à la Chambre. Ce dernier exerça rapidement un fort ascendant sur le groupe et, au-delà, sur l'image et la pratique du socialisme en France. Cette dynamique avait été encouragée par les conséquences de la crise boulangiste et le rôle de Jean Allemane dans la maturation d'un socialisme démocratique. La crise boulangiste, du nom du général Boulanger qui fédéra sur son nom des tendances antirépublicaines fortes, opéra en effet un profond reclassement parmi ces courants socialistes fragmentés. Résolus, les allemanistes se portèrent parmi les premiers au secours de la République menacée.

Le choix de la République

Avant de subir en 1896 une scission qui lui fut en partie fatale, le parti allemaniste se dressa vigoureusement contre le boulangisme qui menaça la République à partir de 1888. Chabert et Joffrin, élus au conseil municipal de Paris, se mobilisèrent aussitôt avec Allemane, considérant comme l'écrivit Humbert « qu'il fallait préserver la République d'un étranglement analogue à celui du 2 décembre et que, sitôt le danger écarté, ils pourraient reprendre leur programme spécifiquement socialiste et leurs positions de Parti [4] ». Dès mars 1888, comme le souligne l'historien Daniel Ligou, les allemanistes lancèrent une « Adresse au peuple de Paris » : « Nous, travailleurs, nous les mandataires du Parti ouvrier, nous sommes prêts, avec notre Parti, à oublier pour un instant les seize années pendant lesquelles la Bourgeoisie a trahi les espérances du peuple ; nous sommes prêts à défendre et à conserver par tous les moyens le chétif germe de nos institutions républicaines contre tout sabre qui viendrait à le menacer [5]. »

Pour défendre la République, le temps des alliances était venu. Allemane, Brousse, Chabert, Joffrin, Lavy rejoignirent les radicaux prêts au combat contre les boulangistes, dont Georges Clemenceau, Arthur Ranc, Camille Pelletan ou Révillon. Joffrin fut, avec Clemenceau, l'un des créateurs de la Société des droits de l'homme et du citoyen, sise rue Cadet à Paris. La déclaration inaugurale publiée dans *Le Radical* le 25 mai 1888 désignait la tâche qui restait à accomplir pour établir la démocratie et repousser les tentatives de dictature. Au même moment, le parti d'Allemane diffusait les chansons politiques de Jules Jouy, ravageuses pour Boulanger et ses partisans. Les allemanistes furent rejoints par l'ancien communard – et premier historien de la Commune – Lissagaray, et par les rédacteurs de la *Revue socialiste* comme Benoît Malon et Eugène Fournière, des socialistes indépendants. En revanche, une fraction importante des blanquistes – mais sans Auguste Vaillant, fidèle à Blanqui – céda à la propagande boulangiste, et se regroupa autour d'Henri Rochefort. Clovis Hugues, Laguerre, Laisant,

4. Cité par Daniel Ligou, *Histoire du socialisme en France (1871-1961)*, Paris, PUF, 1962, p. 105.
5. Cité *ibid.*

Michelin, Planteau, « en partie par haine de l'opportunisme, en partie par sympathie personnelle pour Rochefort, inclin[èrent] vers le boulangisme[6] ». Les guesdistes, quant à eux, renvoyèrent dos à dos les boulangistes et leurs adversaires républicains, refusant de choisir, comme lors des élections partielles du Nord en avril et mai 1888 qui virent s'affronter les deux camps.

La politique du pire de Jules Guesde et de son parti autant que le choix responsable et difficile des allemanistes exercèrent une profonde influence sur les républicains de gauche, susceptibles pour certains de rejoindre les rangs socialistes. Ce fut le cas, notamment, du plus jeune député de France à l'ouverture de la législature de 1885, républicain déjà soucieux de la question sociale et déjà très critique de Jules Guesde. « Guesde, écrivait Jaurès la même année, avait le génie de la simplification. Son art, éblouissant tout d'abord, mais aveuglant bientôt et stérile, c'était de grouper les faits, de les ordonner en quelques séries très courtes et que la pensée parcourait en deux ou trois bonds. De Marx, il avait retenu, ou retrouvé, la formule la plus extrême et la plus simple : "Les expropriateurs seront expropriés." Une série à deux termes. Un rythme à deux battements. Le grand capital exproprie les petits possédants. La Révolution exproprie le grand Capital. Ainsi, en deux pas, l'histoire est au bout de son chemin[7]. »

Élu républicain du Tarn en 1885, Jean Jaurès se révéla lui aussi un farouche opposant au boulangisme. Le 18 décembre 1888, dans *La Dépêche* de Toulouse, il s'exprima sans ambages sur la nature d'un mouvement qui révélait tant de la situation politique de l'époque. Il dirigea sa réflexion vers la démocratie elle-même et les moyens d'y parvenir : « Ce qui manque

6. Georges Lefranc, *Le Mouvement socialiste sous la troisième République (1875-1940)*, Paris, Payot, 1963, p. 88.
7. Jean Jaurès, *Discours parlementaires*, Paris, Cornély, 1904, p. 86.

à la démocratie, c'est la confiance en soi-même, c'est le sentiment de sa force, c'est l'ambition vraie [8]. » Dans un nouvel article de *La Dépêche*, publié le 3 novembre 1889, il défendit sa conception de la démocratie en approfondissant cet « idéal de justice » et en s'interrogeant sur le destin politique du mouvement socialiste au regard de sa dérive boulangiste. Mais, à la date de parution de son article, Jean Jaurès n'était plus député. Les élections générales avaient eu lieu le 22 septembre et le 6 octobre 1889. Trente-huit boulangistes seulement furent élus. Jaurès fut battu à Castres, au scrutin d'arrondissement. Mais il poursuivit son engagement politique dans la presse et les réunions publiques, avant de reconquérir un mandat à Toulouse aux élections municipales de 1890, sur la liste d'union radicale et socialiste. C'est à ce moment-là aussi qu'il rencontra à Paris le nouveau bibliothécaire de l'École normale supérieure, un jeune normalien et agrégé de philosophie comme Jaurès, et dont le militantisme socialiste était connu seulement de quelques intimes. C'était Lucien Herr.

Le temps de Lucien Herr

Depuis 1888, les possibilistes étaient divisés entre les partisans de Paul Brousse, favorables au compromis avec les radicaux, et ceux d'Allemane qui voulaient conserver le caractère ouvrier de leur parti. La rupture fut retardée par la menace boulangiste qui rapprocha les forces rivales. En 1890, une fois la République protégée, les tensions se réveillèrent de plus belle. Ce fut à ce moment que Lucien Herr choisit d'adhérer à la Fédération des

8. Pour les citations émanant de la presse, la date et le nom du journal sont indiqués dans le texte, ce qui permet d'en retrouver aisément la source. Même chose pour les extraits de discours parlementaires.

travailleurs socialistes, en s'engageant nettement dans la tendance allemaniste. La personnalité de son leader autant que le rôle reconnu aux intellectuels par cette formation socialiste avaient convaincu le jeune agrégé tout juste nommé à la tête de la bibliothèque de l'École normale. Il sortait du reste d'un véritable combat visant à conquérir le poste afin de contrer l'influence grandissante, à la rue d'Ulm, du spiritualisme et du nationalisme. La montée du rejet de l'« esprit rationaliste, encyclopédiste, humanitaire » par ce courant « irrationaliste, traditionaliste et xénophobe » [9], caractéristique de la génération de Maurice Barrès et de Charles Maurras, mais aussi de Ferdinand Brunetière entré à l'École comme maître de conférences en 1886, détermina Lucien Herr à demander la direction de la bibliothèque – qu'il obtint finalement de Louis Liard, directeur de l'Enseignement supérieur, en novembre 1888. Pourtant, il sépara très nettement ses activités scientifiques et son engagement politique, n'informant que très rarement ses interlocuteurs de son action chez les socialistes. Charles Andler, normalien et jeune agrégé d'allemand, fut l'un des leurs, et suivit son mentor au « groupe d'études sociales du Ve arrondissement ».

Le 10 mai 1889, sous la signature de « Pierre Breton », Lucien Herr commença à écrire dans le journal créé en avril 1888 par Jean Allemane, *Le Parti ouvrier*. Il y prônait la solution de la grève générale portée par deux militants décidés, Aristide Briand et Fernand Pelloutier, et soutenait son corollaire, le syndicalisme, rendu possible par la loi Waldeck-Rousseau de 1884. La dimension pratique du socialisme d'Allemane s'accompagna d'une vive critique du marxisme et de ses

9. Claude Digeon, *La Crise allemande de la pensée française*, Paris, PUF, 1959, p. 390.

usages par les différents partis européens. Les socialistes allemands furent particulièrement visés par les articles de Lucien Herr pour leur propension à épouser l'idéologie marxiste comme un dogme intangible. Comme l'expliquent Daniel Lindenberg et Pierre-André Meyer, les allemanistes « refusent au marxisme le monopole idéologique auquel il prétend, refus auquel contribue largement la transfiguration peu flatteuse du marxisme effectuée non seulement par Guesde et Lafargue, mais aussi par les sociaux-démocrates allemands. En fait, c'est surtout à la conception du parti (centralisation, organisation hiérarchique), véhiculée par la social-démocratie allemande, que s'opposent les allemanistes qui tiennent, avant tout, à l'autonomie des groupes, tant au niveau national qu'au niveau international, et redoutent la transformation du parti en une machine bureaucratique avec constitution d'une oligarchie[10] ».

Cette vigilance critique à l'égard des usages militants du marxisme fut essentielle. Elle éclaire toute l'histoire du socialisme français qui succomba à cette bureaucratie. La mise en garde de Lucien Herr et des allemanistes se révéla prémonitoire. La nécessité de s'en convaincre n'en est que plus forte. Pour Lucien Herr, le socialisme se devait au contraire d'éclairer les travailleurs, d'élever leur intelligence, de les libérer d'abord en pensée. Son article du 8 juin 1890, dans *Le Parti ouvrier*, résume cette volonté de liberté et ce choix de l'intelligence :

> C'est à cette classe d'hommes que je veux m'adresser. Beaucoup d'entre eux, sans être socialistes de doctrines, ont une générosité d'aspiration et une indépendance d'esprit qui font que, en dépit de leurs votes, ils sont des nôtres et travaillent à la même œuvre que nous. D'autres, plus nombreux encore,

10. In *Lucien Herr. Le socialisme et son destin*, Paris, Calmann-Lévy, 1977, p. 99-100.

ont des préjugés qui les empêchent de comprendre ce que dissimulent de large et de fécond des formules nécessairement sèches et brutales. Tous sont à présent désorientés et inquiets, voulant le mieux et le progrès et ne sachant qui les leur donnera. Nous avons le devoir de les éclairer.

Quelques mois plus tard, cependant, Lucien Herr cessa brusquement sa collaboration avec *Le Parti ouvrier*. En décembre 1890, il y publia un long et ultime article, « Par le peuple », véritable testament politique. Les raisons de son silence tenaient dans le constat de l'impasse où s'étaient fourvoyés les socialistes français. Soit ils s'enfermaient avec les partisans de Jules Guesde dans le dogmatisme doctrinal et son refus du possible, soit ils rejetaient tout programme et sombraient avec les possibilistes de Paul Brousse – désormais séparés des amis d'Allemane – dans le verbalisme révolutionnaire. Avant de se taire, Lucien Herr imagina le visage du nouveau parti socialiste qu'il appelait de ses vœux et qui se démarquerait profondément des expériences passées. La modernité, l'actualité de la vision frappent sans conteste. Le « grand parti socialiste » rêvé par l'ami d'Allemane et bientôt de Jaurès ressemble à un horizon toujours présent et impossible. Il importait à Lucien Herr d'en définir l'idéal.

Puis Lucien Herr se tut. Du moins, le nom sous lequel il signait ses articles politiques, « Pierre Breton », disparut des colonnes du *Parti ouvrier*. Mais il ne renonça pas à sa volonté d'action politique. Il la reporta vers d'autres tâches, celle précisément de construire le « grand parti socialiste » qu'il imaginait, en recherchant ses forces en dehors des socialistes eux-mêmes. Sa rencontre avec un condisciple de l'École normale, de cinq ans son aîné, philosophe comme lui et révolté de la même manière par les injustices sociales et la violence politique, fut décisive pour l'avenir du socialisme français. La renommée de Jaurès était forte déjà quand Herr fit sa connaissance rue d'Ulm, dans sa bibliothèque.

Le temps de Jean Jaurès

Après sa défaite aux législatives dans le Tarn le 6 octobre 1889, Jaurès avait été nommé professeur à la faculté des lettres de Toulouse. Il décida de mettre à profit cette pause forcée dans sa carrière politique pour achever ses thèses en vue du doctorat de philosophie, qu'il avait interrompues quatre ans auparavant lorsqu'il était entré au Palais-Bourbon. La bibliothèque de l'École normale était l'outil idéal pour se consacrer à cette tâche, d'autant plus que son rayonnement s'était fortement accru depuis l'arrivée de Lucien Herr. La première thèse portait sur un sujet inspiré de l'enseignement d'Émile Boutroux, « De la réalité du monde sensible ». La seconde étudiait « Les origines du socialisme allemand ». L'aide de Lucien Herr se révéla déterminante pour guider son aîné dans les arcanes de la bibliographie allemande et de la littérature marxiste. Jaurès approfondit alors sa connaissance du socialisme.

Mais le fait essentiel fut la profonde amitié intellectuelle qui commença à le lier à Lucien Herr. Pendant deux ans, le temps que dura la préparation de ses thèses qu'il soutint en 1892, Jaurès fréquenta assidûment la bibliothèque de la rue d'Ulm et échangea longuement avec son responsable. Herr attendit, semble-t-il, que Jaurès lui révélât son adhésion progressive au socialisme pour dévoiler ses propres idées et son engagement dans le parti d'Allemane [11]. Un jour, comme le raconta plus

11. D'après Daniel Lindenberg et Pierre-André Meyer, *ibid.*, p. 124.

tard Charles Andler qui connut très bien Lucien Herr, la discussion décisive eut lieu.

> Un soir, il prit à partie son aîné Jaurès ; et la discussion dura presque toute la nuit. Jaurès a eu raison de dire qu'il avait cru auparavant que « tous les républicains étaient socialistes ». En passant au socialisme, en fondant ce « parti socialiste français », issu des efforts antérieurs de Benoist Malon, il ne se convertissait pas ; il poussait à bout son républicanisme. Le pas décisif, il le fit cependant parce que Herr sut le convaincre. Cette grande recrue, c'est Herr qui l'a amenée. Il faut le dire parce que Herr a voulu qu'on le sût. Depuis lors, l'amitié, l'intimité de pensée n'a pas cessé entre les deux hommes [12].

Léon Blum confirma lui aussi le rôle décisif de Lucien Herr dans l'accession de Jaurès au socialisme. À plusieurs reprises, et notamment dans ses *Souvenirs sur l'Affaire*, Blum expliqua : « C'est Herr qui avait amené Jaurès au socialisme ou, pour parler plus exactement, c'est Herr qui avait amené Jaurès à prendre claire conscience qu'il était socialiste [13]. » Durant sa première expérience de député républicain, Jaurès avait en effet longuement médité le comportement politique du « parti socialiste » et souligné sa fréquente médiocrité, voire sa duplicité. « En plus d'un point, il a été compromis par des alliances boulangistes, et, parfois même, il a pu être soupçonné de faire par ses candidatures et ses journaux le jeu de la réaction », dénonçait-il le 27 octobre 1889 dans un article de *La Dépêche*. Mais il prenait toujours soin de distinguer « certains chefs et les

12. Charles Andler, *La Vie de Lucien Herr* [1932], rééd. Paris, Maspero, 1977, p. 122.
13. Léon Blum, *Souvenirs sur l'Affaire* [1935], rééd. Paris, Gallimard, « Idées », 1981, p. 45.

soldats ». Il voyait dans ces derniers, « dans la conscience du peuple qui s'y livrait, beaucoup de sincérité et de droiture ». Et il reconnaissait à « l'idée socialiste » une force et un avenir. Elle « n'est point liée à l'organisation actuelle du parti, elle est beaucoup plus forte et beaucoup plus vaste que celui-ci ». L'amitié de Herr et de Jaurès se noua précisément dans la discussion de « l'idée socialiste ».

Sur le passage de Jaurès au socialisme, une vive et ancienne polémique a opposé deux spécialistes, Madeleine Rebérioux et Georges Lefranc. La question était de savoir quelle avait été la part exacte de Lucien Herr dans le socialisme de Jaurès. Ou plus exactement si la thèse de l'influence intellectuelle exercée par Herr n'avait pas minimisé celle de la découverte par Jaurès de la lutte des classes et du marxisme, qui aurait déterminé bien davantage sa pensée et son action. Madeleine Rebérioux clôt d'une certaine manière le débat en écrivant contre Georges Lefranc : « En 1891-1892, son action municipale [à Toulouse], ses articles dans *La Dépêche* en font foi. Au jour le jour, on le voit se lier aux ouvriers toulousains, on le voit, à la lumière de Fourmies, puis de Carmaux, préciser sa position face au prolétariat. L'engagement final, c'est bien à la grève de Carmaux qu'il est dû et c'est en cela peut-être que Jaurès est autre que tant d'autres. C'est aussi pour cette fidélité qu'il est mort, pour avoir jusqu'à la fin – contre Charles Andler par exemple – répété que la grève ouvrière internationalement organisée constituait le suprême recours contre la guerre[14]. »

Il faut considérer Lucien Herr, dans la trajectoire qui mena Jaurès au socialisme, comme une influence autant qu'un symp-

14. « Madeleine Rebérioux répond à son tour », *Bulletin de la SEJ*, n° 41, avril-juin 1971, p. 21.

tôme. Le symptôme d'un Jaurès intellectuel, voulant agir librement en se fondant sur une liberté de pensée que le marxisme entravait plus qu'il ne soutenait. Le symptôme d'un Jaurès philosophe, critique du marxisme dès lors que celui-ci bascule dans l'idéologie politique et la doctrine autoritaire mais comprenant que le socialisme allemand proposait une philosophie de la justice, comme il l'expliqua dans sa thèse latine de 1892. Le symptôme d'un Jaurès visionnaire, comprenant les enjeux des combats ouvriers à l'échelle de la République, de la France et du monde, affirmant le devoir définitif de faire la justice contre la violence et la misère, transformant précisément sa pensée intellectuelle par la découverte de l'injustice fondamentale faite aux ouvriers. Le Jaurès militant qui, comme Lucien Herr, s'impliqua dans la défense concrète des droits ouvriers, dans les batailles pour la dignité du prolétariat et l'humanité au travail, dans la cause de la justice sociale.

La rencontre avec Lucien Herr fut enfin le symptôme d'un Jaurès démocrate, s'engageant aussi pour le prolétariat au nom des droits politiques et civiques qui lui étaient refusés, les défendant contre l'oppression et la peur sociale qu'exploitaient les républicains, luttant contre les formes de despotisme au nom d'une universalité démocratique qu'il allait partager aussi bien avec des libéraux qu'avec des anarchistes. Avant même la grande bataille de l'affaire Dreyfus qui devait les réunir, le combat contre les « lois scélérates » des années 1894-1895 le démontra sans conteste. Et dans ce combat, Jaurès fut bien l'égal d'Allemane et de Herr, en reprenant leur héritage et leurs convictions. La lutte politique et sociale pour la démocratisation de la République était un socialisme. Le choix de Jaurès renforça son pouvoir d'engagement pour les libertés politiques et civiques. Rien ne pouvait être fait sans elles.

La bataille contre les « lois scélérates »

Revenu au Parlement à la faveur d'une élection partielle à Carmaux (22 janvier 1893) et désormais député socialiste, Jean Jaurès intervint avec force dans le débat sur la législation réprimant l'anarchisme. Hostile au principe d'étouffement des libertés comme aux moyens choisis par les républicains pour y parvenir, il ne se désintéressa pas non plus de la question qui était posée, avec les lois « scélérates », de l'avenir de la légalité républicaine et du sort des futurs condamnés anarchistes. Après les premiers attentats anarchistes, deux séries de mesures furent votées par les députés les 12 et 15 décembre 1893. Elles concernaient respectivement la limitation des droits de la presse par une modification de la loi de 1881 et la limitation du droit de réunion. Le 30 avril 1894 eut lieu la première intervention de Jaurès. Le jeune orateur, âgé seulement de trente-quatre ans, commença par s'indigner des vagues d'arrestations qui étaient intervenues au mépris des droits élémentaires des citoyens. Puis il dénonça la manœuvre des conservateurs visant à exhiber un prétexte pour mieux frapper l'opposition politique et sociale. Il accusa même le gouvernement, avec force preuves, d'employer des agents provocateurs afin d'obtenir les meilleurs résultats.

La troisième série de mesures fut préparée le 9 juillet et votée en urgence le 26 juillet, dans l'émotion de l'assassinat à Lyon du président de la République Sadi Carnot par l'anarchiste Sante Caserio (le 24 juin) et de l'élection à Versailles de son successeur, Casimir-Perier (le 27 juin). Le ministère modéré de Charles Dupuy proposa à la Chambre une mesure globale pour faire disparaître « les idées anarchistes » dans la presse, les réunions publiques ou privées, et même dans toute forme de correspondance. C'était se donner une arme décisive pour traquer le militantisme socialiste et ouvrier dans le pays. Le rapporteur de la commission, Lasserre, donna en effet une définition de l'anarchie si vague qu'elle finissait par légitimer toutes les poursuites contre les opposants politiques des républicains, et notamment les socialistes souvent assimilés par les parquets aux anarchistes [15]. La correctionnalisation des procès créait également une forme de procédure spéciale, au regard de la cour d'assises qui, avec son jury de citoyens, garantissait mieux les droits de la défense et l'équité de la procédure.

Jaurès dénonça aussitôt, le 24 juillet dans *La Dépêche* et le 25 à la Chambre, la mise en place d'une justice administrative servant les intérêts de la classe bourgeoise et menaçant ceux qui chercheraient à s'y opposer. Le gouvernement s'était engagé pour lui dans la voie du despotisme. Jaurès savait qu'il se battait pour une conception libérale et républicaine de la liberté classique, celle qui garantissait aux hommes les droits politiques élémentaires. Il en appela, toujours dans son article de *La Dépêche*, à la solidarité des « vieux républicains » dont certains avaient commencé de protester à la Chambre : « Les républicains se sont sentis atteints dans ce qui est leur principe même, la liberté ; ce ne sont pas seulement les socialistes, ce ne sont pas seulement les radicaux-socialistes comme M. Goblet, ce sont les vieux républicains comme M. Brisson qui se sont dressés. Ils se sont souvenus et ils ont rappelé à la Chambre que sous l'Empire, avec des lois comme celles que proposent de prétendus républicains, on déportait et on internait les hommes les plus modérés et les plus honnêtes. »

15. La première victime de ces nouvelles mesures fut du reste le socialiste-blanquiste Jules-Louis Breton.

Complétant sa mise en garde, Jaurès écrivit encore dans *La Dépêche*, cette fois le 31 juillet : « Il ne faut pas juger cette loi sur l'usage qu'on en fera demain ou après-demain. Il faut la juger, comme les autres lois, sur l'usage qu'on peut en faire… » Il défendait là autant les possibilités d'action des socialistes que la République bourgeoise et démocratique fondée par des juristes modérés désormais aveuglés par la peur. « On nous reproche de faire obstruction, s'était-il exclamé le 24 juillet ; et nous, nous nous glorifions de nous opposer autant qu'il est en nous à une loi dont on pourra se servir pour inquiéter les plus tranquilles et les plus probes des citoyens. » À Carmaux, Jaurès menait une lutte similaire. Après la condamnation à Albi de l'ancien maire de la ville, une figure du mouvement ouvrier dans le Tarn, il protesta hautement dans *La Dépêche* contre une justice d'exception qui menait une véritable guerre sociale au mépris de ses principes et des droits élémentaires des citoyens. « Justice », proclama-t-il contre des magistrats qui « ont poursuivi et condamné Calvignac innocent » (6 juin 1895).

À la Chambre, les députés votèrent finalement le projet de loi « contre les menées anarchistes », mais ils n'avaient accordé auparavant, le 25 juillet, la confiance au ministère Dupuy qu'à une voix de majorité. Jaurès, rejoint par quelques radicaux comme Clemenceau ou Brisson, avait su traduire politiquement la menace que représentaient les dispositions judiciaires d'exception. L'action de Jaurès n'allait pourtant pas s'achever après ce baroud d'honneur, puisqu'il assura en cour d'assises la défense du jeune journaliste socialiste Alfred Gérault-Richard, poursuivi pour avoir écrit, le 29 septembre 1894, un article au vitriol contre le nouveau président de la République dans l'hebdomadaire *Le Chambard*. Elle allait se poursuivre quelques semaines plus tard avec l'intervention de Jaurès dans les débats de la première affaire Dreyfus, le 24 décembre 1894. « Ce que je propose, c'est de rétablir dans ce pays-ci, en matière de justice militaire, l'égalité. »

Quatre ans plus tard
Le tour de Léon Blum

Léon Blum fut aussi, comme Jaurès mais plus tardivement, un opposant aux « lois scélérates ». Un article de lui, signé du pseudonyme « un juriste », parut dans *La Revue blanche* le 15 juin 1898. C'était en plein cœur de l'affaire Dreyfus, au milieu de l'offensive des nationalistes, tant à la Chambre qu'au gouvernement et dans la rue, pour briser définitivement la contestation dreyfusarde. Rappelant ce qu'on désignait « sous le terme générique de *Lois scélérates* », Léon Blum, qui venait d'accéder au Conseil d'État comme jeune auditeur, en exposa le sens liberticide et barbare : « dirigées contre les anarchistes, elles ont eu pour résultat de mettre en péril les libertés élémentaires de tous les citoyens [16] ».

L'article de *La Revue blanche* détaille l'histoire de ces lois. Léon Blum s'arrête sur le texte présenté le 9 juillet 1894 par Eugène Guérin, garde des Sceaux du gouvernement Bourgeois, dans l'émotion de l'assassinat du président de la République Sadi Carnot le 24 juin précédent. « Contre les anarchistes, l'émotion du moment eût pu faire comprendre les excès absurdes de cette loi. Mais, dans la pensée du gouvernement, elle ne visait pas seulement les anarchistes. Elle était une loi de terreur contre tous ses adversaires politiques.

16. *La Revue blanche*, 15 juin 1898, et *L'Œuvre de Léon Blum*, t. I, *1891-1905*, Paris, Albin Michel, p. 359-374 (et citations suivantes).

Les ministres l'ont nié. Préfèrent-ils qu'on montre leur grossière ignorance ou leur criminelle mauvaise foi ? Peu nous importe d'ailleurs leurs protestations ; nous n'avons qu'une chose à juger, le texte présenté par eux. » Léon Blum fit le lecteur juge des intentions du gouvernement en montrant que les articles du projet de loi comprenaient « presque tous les délits de presse [...], en particulier la provocation aux crimes contre la sûreté intérieure de l'État, c'est-à-dire les délits politiques par excellence ». Il en tire les conclusions qui s'imposent. À savoir le risque d'enfermement administratif à vie ou de relégation perpétuelle.

Le jeune auditeur au Conseil d'État souligna la détermination des parlementaires qui parvinrent à repousser le monstrueux projet de loi, les radicaux Brisson, Goblet, les catholiques Denys Cochin, de Ramel, le socialiste indépendant Alexandre Millerand. Il releva les procédés délétères du garde des Sceaux lisant journaux révolutionnaires après placards anarchistes pour mieux émouvoir et dénoncer, et démolit l'argument mensonger du rapporteur Lasserre qui affirmait que la loi proposée n'était pas une loi d'exception « puisqu'on rendait les délits de presse au juge de droit commun des délits, au juge correctionnel ». Au terme de son étude, Léon Blum se fit une nouvelle fois implacable et solennel. « Tout le monde avoue que de telles lois n'auraient jamais dû être nos lois, les lois d'une nation républicaine, d'une nation civilisée, d'une nation probe. Elles suent la tyrannie, la barbarie et le mensonge. Tout le monde le sait, tout le monde le reconnaît ; ceux qui les ont votées l'avouaient eux-mêmes. Combien vont-elles rester encore dans nos Codes [17] ? »

17. Voir « Léon Blum et l'affaire Dreyfus », *Histoire et mémoire de Léon Blum*, colloque de l'OURS, 26 février 2000, *Recherche socialiste*, n° 10, mars 2000, p. 27-38.

Si Léon Blum réagissait à ce moment aux « lois scélérates », c'était bien en raison de l'étouffement des libertés dans l'affaire Dreyfus. « Je puis le dire, confiait-il encore, je n'ai pas attendu l'affaire Dreyfus pour haïr la brutalité, pour détester la réaction, le militarisme, l'autoritarisme, pour demander au gouvernement républicain les libertés de la République. » L'Affaire démontrait que la répression de 1894 n'avait pas été un fait isolé et qu'elle témoignait d'un processus de dégradation des fondements démocratiques de la République. En contextualisant ainsi le proche passé politique, le jeune Léon Blum démontrait son choix d'une critique des ressorts les plus profonds de la politique.

Mais une seconde raison expliquait l'offensive de Léon Blum. Cinq ans auparavant, il avait fait une rencontre capitale, comme Jaurès, en la personne du même Lucien Herr. Sous son influence décisive, il était sorti de sa période dandy et littéraire, ou plutôt il était passé comme beaucoup, comme Bernard Lazare, Charles Péguy, ou Daniel Halévy, d'une avant-garde à une autre, de l'esthétique à la politique, de la vérité à la liberté.

> Je l'ai rencontré, place de la Concorde. Il allait à *la Revue de Paris*. Nous nous sommes promenés deux heures dans les Champs-Élysées. Ce fut une reprise brusque d'où notre amitié se transforma en intimité. C'est Herr, déjà mêlé à toute la vie socialiste, inscrit chez les allemanistes, qui a cristallisé toutes les tendances diffuses en moi, et a opéré le revirement de mon esprit individualiste et anarchiste vers le socialisme [18].

18. Louis Lévy, *Comment ils sont devenus socialistes*, Paris, Éd. du « Populaire », 1931, p. 22.

Et puis une deuxième rencontre fut tout aussi décisive, celle qui, fin 1897, persuada Léon Blum de l'innocence du capitaine Dreyfus et de la nécessité de s'engager pour la justice. Et par Lucien Herr, par l'affaire Dreyfus, Léon Blum se lia définitivement à Jaurès. Ce lien indéfectible, survivant à la mort de Jaurès, conduisit Blum à poursuivre son œuvre politique après la rupture du congrès de Tours en 1920 et la déchirure des socialistes en deux partis irréconciliables.

2

« En face d'une réalité critique » Les socialistes, la gauche et l'affaire Dreyfus

L'affaire Dreyfus révéla les socialistes à eux-mêmes. Pour cela, ils furent capables de s'engager dans une authentique et durable politique de gauche. Certains d'entre eux tout au moins, emmenés par Jaurès et quelques autres. Car l'événement divisa aussi profondément les socialistes. Dans ses articles de *La Revue blanche* de l'été 1899, le très jeune Charles Péguy vit l'Affaire comme la manifestation de la trahison des principes les plus élevés.

> L'affaire Dreyfus, qui a pris une telle place dans l'histoire du monde, qui aura, dans l'histoire de l'humanité, au moins la valeur morale d'une guerre et sans doute la valeur morale d'une révolution même, a déterminé parmi les socialistes français une crise intérieure très grave, à conséquences lointaines. [...] On peut dire que si l'affaire Dreyfus n'avait pas éclaté, le socialisme français pouvait continuer à traîner une existence invertébrée. Un assez grand nombre d'hommes, qui avaient et qui ont sur la vie des idées à peu près opposées, auraient continué à voisiner ensemble sous la commodité des mêmes formules. Mais l'affaire Dreyfus mit les hommes de toutes les formules,

et même ceux qui n'avaient aucune formule, en face d'une réalité critique [1].

En ce sens, toute réflexion sur l'événement, toute recherche sur son histoire prennent figure de leçon pour les socialistes et la gauche entière.

Avant-gardes
De l'esthétique à la politique

En 1894 et 1895, rares furent les Français en général, et les leaders de la gauche socialiste et radicale en particulier, à protester contre le sort fait au capitaine Dreyfus. Seuls certains anarchistes, rejoints par quelques socialistes allemanistes, eurent le courage de dénoncer la campagne antisémite qui avait atteint des sommets après l'annonce de l'arrestation de l'officier français, d'origine juive et alsacienne, le 29 octobre 1894, et de s'opposer à l'emprise du militarisme sur une question de justice, fût-elle militaire. Dans un article du 17 novembre 1894 publié par *La Justice* – dont Georges Clemenceau lui avait ouvert les colonnes –, le jeune écrivain et historien Bernard Lazare soulignait combien l'accusation portée contre le capitaine Dreyfus montrait qu'il s'était créé « depuis quelques années un état d'esprit antisémite », ce qui était « beaucoup plus grave », ajoutait-il, que « l'existence d'un important parti antisémite ». Le 24 décembre 1894, *Le Parti ouvrier* de Jean Allemane fut le premier à ironiser sur « la réputation d'infaillibilité » des officiers qui ont condamné Dreyfus. Le 1er février

1. « La crise du parti socialiste et l'affaire Dreyfus », *La Revue blanche*, 15 juillet 1899 et 15 août 1899, rééd. in *Œuvres en prose complètes*, t. I, Paris, Gallimard, « Bibliothèque de la Pléiade », 1987, p. 217-218 et 224.

1895, au lendemain de la cérémonie qui avait vu la foule parisienne massée derrière les grilles de l'École militaire réclamer la mort pour « le juif », Félix Fénéon, directeur de *La Revue blanche*, et Victor Barrucand publiaient de leur côté une courte note de protestation ainsi formulée : « À l'occasion des fêtes du nouvel an, nous avons eu la dégradation du capitaine Dreyfus et, autour, le noble spectacle de l'immobilité servile des uns et de la fureur lyncheuse des autres. »

La Revue blanche était très liée à certains intellectuels allemanistes, dont Lucien Herr. Parmi les socialistes parlementaires, seul Jaurès intervint après la condamnation de Dreyfus, non pour le défendre, mais pour appeler à une égalité de justice entre officiers de carrière et simples soldats. Le 24 décembre 1894, au cours d'un débat parlementaire houleux consacré aux suites de la condamnation de l'officier, il déclara que « tous ceux qui, depuis vingt ans, ont été convaincus de trahison envers la patrie ont échappé à la peine de mort pour des raisons diverses », ajoutant alors qu'« en face de ces jugements le pays voit qu'on fusille, sans grâce et sans pitié, de simples soldats coupables d'une minute d'égarement ». Violemment dénoncé par la droite pour avoir attaqué « la hiérarchie et la discipline dans l'armée », Jaurès fut exclu temporairement de la Chambre au motif qu'il avait averti ceux qui, « se sentant menacés depuis quelques années dans leur pouvoir politique et dans leur influence sociale, essayent de jouer du patriotisme ».

Malgré les immenses difficultés qui pesaient sur l'action des quelques défenseurs de Dreyfus pendant ces années 1896-1897, un milieu d'engagement se constitua autour de quelques pôles, pôle républicain modéré avec le journal *Le Siècle* de Joseph Reinach et Yves Guyot, pôle radical avec le journal du même nom mais aussi avec le nouveau quotidien *L'Aurore* confié à Georges Clemenceau au moment où lui-même, fin octobre

1897, passa à la cause dreyfusarde, pôle anarchiste emmené par Bernard Lazare et Sébastien Faure avec *Le Libertaire*, *Le Journal du peuple* et *La Revue blanche* des frères Natanson, pôle socialiste-allemaniste avec les jeunes normaliens convaincus par Lucien Herr, de Léon Blum à Charles Péguy, avec les militants ouvriers fidèles à Jean Allemane. Ces petits groupes de gauche et d'extrême gauche, très solidaires les uns des autres, dotés de connexions journalistiques, universitaires, syndicales qui s'étendaient au-delà de l'Hexagone, en Belgique, en Suisse, aux Pays-Bas, profitaient également du soutien objectif de personnalités moins politisées, plus individualistes, souvent libérales, acquises elles aussi à la défense de Dreyfus, de l'historien Gabriel Monod à l'écrivain Émile Zola.

Le « Syndicat grandit », pouvait alors écrire Georges Clemenceau dans les lendemains de la publication, dans son propre journal, de « J'accuse… ! » et de l'explosion des « pétitions des intellectuels » imaginées avec succès par Lucien Herr et ses proches. La base militante n'était pas en reste. Une centaine de jeunes anarchistes et allemanistes alla défier les antisémites jusque dans leur meeting du Tivoli-Vauxhall le 17 janvier 1898, tandis qu'une troisième pétition, signée par des syndicalistes révolutionnaires comme Ferdinand Pelloutier, protesta contre « les iniquités, les veuleries et lâchetés accomplies journellement par les pseudo-représentants de la justice *civile et militaire* ainsi que des sectes religieuses » et appela à combattre « toute atteinte à la liberté, au droit et à la justice ».

L'engagement de Jaurès

Restait Jaurès, silencieux depuis le débat du 24 décembre 1894. Le jour de la publication du « J'accuse… ! » et alors que la majorité parlementaire réclamait déjà qu'un procès fût intenté à l'écrivain, Jaurès prit la parole. Il ne défendit ni Dreyfus ni Zola, mais il s'autorisa de poser une question politique, « à vous tous, conservateurs de droite et du centre qui vous dites républicains », les enjoignant « de ne pas renier le principe même de la République, qui est la subordination du pouvoir militaire au pouvoir civil », et de ne pas tenter, pour sortir de l'impasse, « une diversion contre la presse et les journalistes ». Devant les menaces réitérées du pouvoir à l'encontre des dreyfusards, Jaurès radicalisa alors sa protestation. Le 20 janvier 1898, toujours à la Chambre, il retrouva son ancien combat contre les « lois scélérates » en protestant contre le scandale de la mise au secret pendant cinquante jours du nommé Guilhem, vendeur des *Temps nouveaux*, au cours de la grève de Carmaux de 1896. Et d'avertir le garde des Sceaux : « Nous avons le droit d'exiger de vous qu'avant de soumettre des citoyens, sur les seules démarches de la police, à des détentions arbitraires aussi prolongées, vous examiniez de près les délations et les rapports de police, pour que celle-ci ne soit pas, dans ce pays-ci, contre toute justice et toute liberté, une puissance souveraine et irresponsable. » Le droit comme principe d'engagement se confirma deux jours plus tard. Le 22 janvier, Jaurès intervint encore à la Chambre, et cette fois sur l'affaire Dreyfus, avec une solennité qui a frappé les contemporains et les historiens.

À la tribune, il accusa les républicains, par leur alliance avec les nationalistes et les antisémites, de vouloir « sauver un gouvernement de réaction et de privilèges ». Traité d'« avocat du syndicat », injurié et menacé, Jaurès fut physiquement défendu par le député socialiste Gérault-Richard, directeur de *La Petite République*. Il repartit à l'attaque deux jours plus tard, proclamant que la seule issue était d'« aller à la République vraie, à la République du peuple, à la République sociale ! ».

Il souleva cette fois toutes les questions juridiques qu'il articulait aux questions politiques. Il parla de « choix arbitraire ». « La vérité, poursuivit Jaurès, c'est qu'il vous devient de plus en plus malaisé de concilier les principes de la démocratie libre avec cette habitude, cette pratique du huis clos militaire qui tend à s'installer dans notre pays. »

Marginal encore parmi des leaders et parlementaires socialistes hostiles à toute intervention, Jaurès fit une déposition très politique au procès Zola. Le 12 février 1898, devant la cour d'assises de la Seine, il reprit d'abord l'argumentation sur les pouvoirs républicains qu'il avait développée à la Chambre le 24 janvier, et face à laquelle le président du Conseil était resté muet : « Est-ce que ce n'était pas le premier devoir des législateurs et des gouvernants de s'assurer si, en effet, cette *violation* de la loi républicaine et des droits humains avait été commise ? [...] On se réfugie toujours dans l'équivoque de la *vérité légale* !... [...] Il paraît que c'est un calcul, dans le pays de la Déclaration des droits de l'homme, d'affirmer que l'on ne peut pas être jugé sur des pièces secrètes ! » Jaurès tirait de ce constat une double conclusion. L'institution judiciaire n'existait plus. Les citoyens demeuraient la seule institution à rester debout. « Voilà pourquoi les citoyens comme M. Zola ont eu raison de se dresser et de protester. Pendant que le Gouvernement, prisonnier de ses combinaisons, intriguait ou équivoquait, pendant que les partis parlementaires, prisonniers de la peur, se taisaient ou abdiquaient, pendant que la justice militaire installait l'arbitraire du huis clos, des citoyens se sont levés dans leur fierté, dans leur liberté, dans leur indépendance, pour protester contre la violation du droit, et c'est le plus grand service qu'ils aient pu rendre à notre pays [2]. »

2. *Le Procès Zola* [1878], rééd. Paris, Stock, 1998, p. 390.

La gauche contre Dreyfus

Si Jules Guesde qualifia au départ « J'accuse ... ! » de « plus grand acte révolutionnaire du siècle », si l'indépendant Gérault-Richard se manifesta parmi les premiers, si le député Gustave Rouanet ferrailla courageusement à la tribune de la Chambre, l'essentiel des socialistes considérait de leur intérêt de rester étranger au combat dreyfusard, voire de suivre leur base populaire influencée par le nationalisme et l'antisémitisme. La détestation de certains dreyfusards libéraux, comme Joseph Reinach ou Ludovic Trarieux, et la méfiance plus générale pour les intellectuels bourgeois, que rejetait par exemple Paul Lafargue, renforçaient ces choix de neutralité. Ils se concrétisèrent pour les guesdistes du Parti ouvrier français par le manifeste du 24 juillet 1898 proclamant que « les prolétaires n'ont rien à faire dans cette bataille qui n'est pas la leur ». Jules Guesde et ses partisans visaient aussi Jaurès et son engagement dreyfusard, à la veille d'un congrès important pour les partis socialistes. Les amis d'Édouard Vaillant furent plus hésitants, mais conservèrent longtemps une position de prudente abstention non dénuée de sympathie pour l'opinion antidreyfusarde. De leur côté, les « indépendants » de la Chambre avaient pris très tôt les devants. Alexandre Millerand n'hésita pas à relever l'antipatriotisme des dreyfusards le 4 décembre 1897 et signa avec les autres députés socialistes le manifeste du 19 janvier 1898. Considérant l'Affaire comme un affrontement interne à la bourgeoisie pour le contrôle de la République, il appelait le prolétariat à ne « s'enrôler dans aucun des clans de cette guerre civile bourgeoise ».

Charles Péguy, qui avait déclaré le 21 janvier 1898 vouloir « marcher droit » et, contre les parlementaires « soi-disant socialistes», «sauver d'eux l'idéal socialiste», dressa à plusieurs reprises l'acte d'accusation des «autoritaires, des chefs, de Vaillant, de Lafargue et de Guesde»: «Les chefs n'ont pas voulu que le socialisme français défendît les droits de l'homme et du citoyen, parce que l'homme était un bourgeois, défendu par des bourgeois [...]: il ne fallait pas se mêler aux bourgeois courageux, aux bourgeois justes, aux bourgeois humains; les chefs n'ont pas voulu que le socialisme français défendît les droits de la personne humaine, parce que la personne était celle d'un bourgeois. [...] Aussi qu'est-il arrivé? Ce qui devait arriver. Pour n'avoir pas défendu les droits de l'homme, les chefs, qui se croyaient socialistes, ont défendu les bourgeois qui violaient ces droits. [...] Telle est sur ces trois hommes la redoutable vérité: ils ont choisi le moment décisif pour trahir leur parti, et, ce qui est beaucoup plus grave, pour trahir l'humanité [3]. »

Les chefs socialistes ne furent pas les seuls leaders de gauche à abdiquer leurs idéaux politiques pour satisfaire des calculs ou des intérêts. Tous les anarchistes ne s'engagèrent pas, à l'image d'un des plus célèbres d'entre eux, Jean Grave, «gardien vigilant de la pure doctrine», qui se tint sur la réserve avec *Les Temps nouveaux*. *Le Père Peinard* d'Émile Pouget agit de même avec son mot d'ordre «notre turbin est autre», tandis que d'autres ironisaient sur le sentimentalisme de Sébastien Faure qui s'était passionné pour la défense d'un bourgeois. Des radicaux versèrent carrément dans l'antidreyfusisme, soit par conviction, soit par tactique. Si Henri Brisson obtint, après les aveux et le suicide du lieutenant-colonel Henry le 31 août 1898, l'ouverture d'une instruction de la Cour de cassation

3. «La crise du parti socialiste et l'affaire Dreyfus» (suite), *La Revue blanche*, 15 septembre 1899, rééd. in *Œuvres en prose complètes*, *op. cit.*, p. 231 *sq.*

sur le procès Dreyfus de 1894, les autres radicaux de son gouvernement s'attaquèrent violemment aux dreyfusards, à commencer par le ministre de la Guerre Godefroy Cavaignac qui invoqua l'existence de pièces accablantes pour Dreyfus lors de sa véritable déclaration de guerre du 7 juillet 1898. La Chambre vota l'affichage de cette véritable déclaration de guerre à l'unanimité des députés présents dont tous les radicaux et l'essentiel des socialistes. Cette violente offensive raidit la gauche dreyfusarde. Elle provoqua aussi de réelles inquiétudes dans les milieux libéraux et modérés de la République, dont certains représentants avaient rallié la Ligue française pour la défense des droits de l'homme et du citoyen, comme le radical Ferdinand Buisson, ancien collaborateur de Jules Ferry, ou le libéral Francis de Pressensé qui passera rapidement au socialisme.

Un combat victorieux

L'été 1898 constitua un tournant pour les hommes de gauche engagés dans l'affaire Dreyfus. Après sa défaite aux législatives, Jaurès avait rejoint Gérault-Richard à la direction de *La Petite République*. Dès l'offensive de Cavaignac connue, il s'employa presque quotidiennement à établir l'ensemble des machinations ayant visé Dreyfus, dont la série des faux de la Section de statistique qu'il démonta avant même les aveux de son auteur. Mais, plus encore que ce succès de la méthode historique, Jaurès remporta une autre victoire en concevant, au début de ce qui allait devenir *Les Preuves*, les raisons pour lesquelles un prolétaire devait soutenir un bourgeois comme Dreyfus : « Si Dreyfus a été illégalement condamné et si, en effet, comme je le démontrerai bientôt, il est innocent, il n'est plus ni un officier ni un bourgeois : il est dépouillé, par l'excès même du malheur, de tout caractère de classe ; il n'est plus que l'humanité elle-même, au plus haut degré de misère et de désespoir qui se puisse imaginer[4]. » Par cette affirmation, Jaurès prouvait que le socialisme ne s'arrêtait pas aux frontières de la lutte des classes et qu'il pouvait prendre en charge l'humanité entière et sa recherche de justice.

L'engagement dreyfusard des socialistes prenait une signification quasi religieuse, en tout cas historique et définitive, au moment où les rangs des étudiants, des intellectuels et des ouvriers grossissaient. Charles Péguy en général victorieux dirigeait ses troupes qui repoussèrent les nationalistes des rues de la capitale et organisait dans les locaux de la librairie Bellais l'un des plus célèbres « foyers invisibles[5] » d'un nouveau socialisme, solidaire, démocratique, idéal. Les meetings se succédèrent, réunissant tous les groupes de la gauche dreyfusarde, des anarchistes de Sébastien Faure et de Pierre Quillard aux radicaux d'Arthur Ranc et de Ferdinand Buisson, tandis que l'influence de la presse grandissait. Après *L'Aurore* de Clemenceau vinrent *Les Droits de l'homme* et *La Fronde* de Marguerite Durand, Séverine et Clémence Royer. Socialement, intellectuellement, culturellement, la gauche se transforma dans ce combat. Elle en sortit rénovée, rajeunie, prête à des luttes qui paraissaient illusoires avant l'Affaire, volontaire pour affronter l'antisémitisme, le colonialisme, le militarisme, l'antiféminisme. À l'exception du premier de ces défis, qui fut assumé, les autres furent rapidement oubliés une fois l'Affaire refermée après le procès de Rennes et la grâce accordée à Dreyfus.

4. *Les Preuves. L'Affaire Dreyfus* [1898], rééd. Paris, La Découverte, 1998, p. 48.

5. *La Vie de Lucien Herr*, *op. cit.*, p. 150.

Avant ce temps des défaites dont Charles Péguy se chargea d'écrire l'histoire, notamment dans *Notre jeunesse* en 1910, la gauche dreyfusarde remporta d'autres succès politiques majeurs, à commencer par la riposte victorieuse à l'agression des bandes nationalistes contre le président de la République le 4 juin 1899 à Longchamp. Un grand défilé réunit le 11 juin près de 100 000 personnes, marchant pour la défense de la République. Le lendemain, Édouard Vaillant, renseigné par Lucien Herr, lança une vive attaque contre le gouvernement accusé d'avoir encouragé les violences policières contre les dreyfusards. Le président du Conseil Charles Dupuy fut contraint à la démission après le vote d'un ordre du jour qui dessina les contours d'une nouvelle majorité. Le clivage dreyfusard y jouait un rôle central. Sénateur de la Loire, gambettiste historique et républicain modéré, Pierre Waldeck-Rousseau s'était révélé par le passé soucieux de justice sociale (loi légalisant les syndicats) et d'une fermeté politique indéniable, notamment contre les boulangistes en 1888.

Silencieux au début de l'Affaire, il avait ensuite vivement dénoncé au Sénat le « pouvoir de la menace et de la calomnie, une sorte d'inquisition obscure » qui mettait en danger les droits du citoyen et l'autorité de la justice (22 février 1899). Il envisagea alors de conquérir l'investiture de la Chambre sur la base d'un gouvernement républicain qui s'ouvrirait pour la première fois à un socialiste, en l'occurrence l'indépendant Alexandre Millerand, choisi pour le ministère du Commerce et de l'Industrie, mais contraint néanmoins de cohabiter avec l'ancien « massacreur » de la Commune, le général de Galliffet, pressenti pour le ministère de la Guerre. Devant la volonté de Waldeck-Rousseau de mener une politique de « défense républicaine », Jaurès apporta son appui à la participation socialiste.

Jean Jaurès fut conforté dans son choix par Lucien Herr qu'il rencontra le 23 juin 1899 à l'École normale supérieure, au moment de la formation de ce gouvernement capital. Celui-ci avança un argument que Jaurès utilisera maintes fois par la suite: « Quel triomphe pour le socialisme que la République ne puisse être sauvée sans qu'il soit fait appel au parti du prolétariat[6] ! » La victoire fut là. Non seulement le gouvernement infligea une sévère défaite politique aux nationalistes qui capitulèrent, du moins temporairement, mais encore les réformes sociales de Waldeck-Rousseau, sa capacité à négocier lors des grandes grèves du Creusot, sa volonté de construire une laïcité ouverte définirent une authentique politique de gauche. Depuis les colonnes de *La Petite République* et dans les nombreux meetings auxquels il participa, Jaurès apporta son soutien à cette expérience historique de gouvernement de la même manière qu'il accorda toute son attention à une issue digne dans l'affaire Dreyfus. Il rédigea la déclaration par laquelle l'officier s'engageait à rechercher la reconnaissance de son innocence par une pleine justice[7].

Mais le projet de « défense républicaine » suscita de vives réactions d'hostilité, même de la part des radicaux inquiets du bouleversement de majorité née de l'Affaire, comme de la part des socialistes opposés à la « participation ». Le 22 juin 1899, lorsque les journaux annoncèrent la formation du gouvernement Waldeck-Rousseau et la présence en son sein d'un socialiste, Vaillant riposta aussitôt en retirant ses députés de l'Union socialiste et en fondant avec Marcel Sembat et Lassalle un groupe socialiste révolutionnaire. Puis, avec Alexandre Zévaès, Jules Guesde et Paul Lafargue, il rédigea un manifeste qui fut rendu public le 14 juillet et qui condamnait « la politique prétendue

6. Cité par Harvey Goldberg, *Jean Jaurès*, Paris, Fayard, 1970, p. 293.
7. Cf. Vincent Duclert, *Alfred Dreyfus. L'honneur d'un patriote*, Paris, Fayard, 2006, p. 776 *sq*.

socialiste faite de compromissions et de déviations que depuis trop longtemps on s'efforçait de substituer à la politique de classe ». Les socialistes favorables à la participation, et qui étaient aussi ceux qui n'avaient pas failli dans l'affaire Dreyfus, se mobilisèrent alors en faveur de la défense de la République. Celle-ci passait avant tout. Jaurès s'adressa vigoureusement à ses amis dans *La Petite République* du 24 juin 1899 pour leur dire que le destin du socialisme était confondu désormais avec celui de la République. Et de conclure par un solennel : « Nous pouvons, sans peur, regarder l'avenir. »

Une politique de gauche

Le bilan de la participation, du point de vue des réformes accomplies, fut considérable. Au ministère du Commerce, de l'Industrie, des Postes et Télégraphe, Alexandre Millerand gérait plusieurs départements et avait en charge, de surcroît, les questions relatives au travail puisqu'il n'y avait pas encore de ministère dédié à ce domaine. Il transforma l'office du Travail en une grande direction de ministère grâce à l'aide d'Arthur Fontaine. Il réorganisa le Conseil supérieur du travail en l'ouvrant aux représentants ouvriers. Il fit voter la loi sur la journée de dix heures (dans les usines où travaillaient des adultes et des enfants) ou douze heures (pour le cas des usines où ne travaillaient que des adultes). Il favorisa le dialogue social, au grand dam des syndicalistes révolutionnaires, mais avec le soutien constant de Jaurès convaincu que Millerand « est resté pleinement fidèle à lui-même [8] ».

8. Cité *in* Georges Lefranc, *Le Mouvement socialiste sous la troisième République*, *op. cit.*, p. 117. Le socialiste réformiste Albert Thomas, pour sa part, rendit hommage à l'œuvre d'Arthur Fontaine en écrivant, en 1931 :

La politique sociale du gouvernement Waldeck-Rousseau se mesura aussi à la manière dont il géra la vague de conflits du travail, dont les grandes grèves du Creusot en 1899 et 1900. Le président du Conseil intervint personnellement pour amener la direction de Schneider à la négociation. Libéré des menaces nationalistes, Waldeck-Rousseau ne craignit pas le désordre qui pourrait découler de l'usage du droit de grève. Il en défendit le principe, tout comme il comprenait, voire partageait les demandes des grévistes. Pour éviter les affrontements, il compta, comme l'explique Pierre Sorlin, « sur le rôle pacificateur des parlementaires socialistes, des journalistes, des militants syndicaux ». Les arbitrages furent fréquents. La grève entra dans un nouveau régime, réformateur et moderne, qui sera cependant de courte durée. Waldeck-Rousseau tenta enfin d'agir sur le terrain des retraites ouvrières, mais la fin de son gouvernement ne lui permit pas d'aboutir. La loi de 1905 sur la journée de huit heures dans les mines découla bien de son action, ce qui fit dire au philosophe Élie Halévy, dans une lettre du 24 février 1906 à Célestin Bouglé, qu'« un énorme effort de réformes législatives [9] » avait été réalisé.

La fin de la crise antidreyfusarde permit à Waldeck-Rousseau de célébrer « le triomphe de la République » lors d'une grande cérémonie d'inauguration de la sculpture monumentale de l'ancien communard Jules Dalou, révélée place de la Nation le 19 novembre 1899. Malgré le caractère officiel et protocolaire du défilé, où se succédèrent corps constitués et corps intermédiaires (des syndicats aux francs-maçons), une foule

« Toutes les lois sociales élaborées depuis quarante ans l'ont été par Arthur Fontaine qui, modeste, mais stable à son poste de directeur du travail, fournissait aux députés et sénateurs qui se succédaient au fauteuil ministériel les éléments de discussion de ces lois » (cité *ibid.*, p. 113).

9. Élie Halévy, *Correspondance 1891-1937*, préface de François Furet, Paris, éd. de Fallois, 1996, p. 374-375.

joyeuse suivit le cortège et célébra tour à tour Zola, Jaurès et Dreyfus. La tragédie de la Commune et l'écrasement du Paris populaire prenaient fin, dans une reconnaissance des hommes et de l'histoire. Waldeck-Rousseau avait permis cet hommage populaire à la République, comme il voulut l'Exposition universelle de 1900 et l'immense banquet de tous les maires de France, près de 21 000 (sur 35 000) présents à Paris pour des festivités très républicaines. La République sortit doublement victorieuse, politiquement parce que le gouvernement lui conféra le sens d'un combat victorieux, socialement parce qu'une France populaire, à Paris et plus encore en province, lui donnait une nouvelle signification démocratique. Ce fut une première expérience gouvernementale de gauche, et elle fut à la hauteur des espoirs mis en elle.

Mais Waldeck-Rousseau ne se contenta pas de ces messages symboliques adressés à un pays qui sortait de plus de dix ans de crise politique, intellectuelle et sociale. Trois grandes volontés définirent les réformes qu'il avait choisi de conduire, plaçant ce moment de « défense républicaine » dans une dynamique de gauche, et inscrivant une marque profonde dans l'histoire. La liberté d'association, instaurée par la loi du 1er juillet 1901, supprima la législation répressive qui permettait d'interdire tout groupement de plus de vingt personnes. Début 1899, cette disposition avait été utilisée contre les ligues nationalistes mais aussi contre la Ligue des droits de l'homme par le gouvernement de Charles Dupuy. La nouvelle loi devint le point de départ d'un mouvement associatif, véritable caractéristique majeure de la France du XXe siècle. Des pratiques sociales et civiques inédites virent le jour. Elles étaient le signe d'une politisation en hausse et d'une démocratisation de toute la vie publique. Les partis politiques modernes en découlèrent. En 1901 naquirent le Parti radical et l'Alliance républicaine démocratique qui réunit les modérés de la majorité gouvernementale.

La laïcité fut le troisième volet de cette politique de gauche. Favorable au Concordat, car il consacrait la prééminence de l'État sur l'Église, Waldeck-Rousseau souhaitait contrôler la grande partie des prêtres réguliers qui échappaient à l'autorité civile. L'affaire Dreyfus l'avait convaincu du risque que représentaient ces congrégations, et particulièrement l'enseignement qu'elles dispensaient ou les périodiques qu'elles diffusaient, pour l'esprit public et l'affirmation de la République. Les assomptionnistes restaient ainsi les champions de l'antisémitisme. La loi sur les associations prévoyait que les congrégations religieuses y feraient l'objet d'un statut particulier et qu'elles devraient être autorisées. Lors des débats, la gauche socialiste et radicale renforça les obligations qui leur étaient faites et le contrôle qui les encadrait désormais. Pour Jaurès, la loi n'était « qu'un commencement de combat, un premier effort qui nécessairement devra[it] se continuer ».

« Les deux méthodes »

L'affaire Dreyfus et la « participation » renforcèrent profondément l'opposition entre Jean Jaurès et Jules Guesde. Derrière le dissentiment des deux hommes s'affrontaient deux conceptions du socialisme, de la politique et de l'histoire. Le harcèlement auquel les militants guesdistes soumirent Jaurès après la formation du gouvernement de « défense républicaine » et, en réponse, ses mises au point répétées finirent par décider les deux principaux intéressés à débattre publiquement entre eux. La confrontation eut lieu à l'hippodrome de Lille le 26 novembre 1900 devant plusieurs milliers de militants. Pour justifier du bien-fondé de la participation socialiste à un gouvernement « bourgeois » décidé à combattre le nationalisme, Jaurès s'efforça de répondre à la question de la nature même du socialisme et d'un « principe si souvent invoqué et si rarement défini », la « lutte des classes ». Mais, au-delà des héritages de doctrine idéologique, il en allait pour lui d'un devoir politique et moral envers la liberté républicaine. Et ce devoir-là s'imposait aux socialistes, « quand la liberté de conscience est menacée, quand les vieux préjugés qui ressuscitent les haines de races et les atroces querelles religieuses des siècles passés paraissent renaître [10] ».

Dans le défi lancé aux socialistes par l'affaire Dreyfus, Jaurès estima alors que le prolétariat avait « doublement rempli son devoir envers lui-même. Et c'est parce que dans cette bataille, le prolétariat a rempli son devoir envers lui-même, envers la civilisation et l'humanité ; c'est parce qu'il a poussé si haut son action de classe, qu'au lieu d'avoir, comme le disait Louis Blanc, la bourgeoisie pour tutrice, c'est lui qui est devenu dans cette crise le tuteur des libertés bourgeoises que la bourgeoisie était incapable de défendre ; c'est parce que le prolétariat a joué un rôle décisif dans ce grand drame social que la participation directe d'un socialiste à un ministère bourgeois a été rendue possible ». À l'issue de la réunion, le fossé séparant les deux visions du socialisme était toujours aussi large. Mais le fait même qu'il y avait débat contradictoire inscrivait la possibilité d'une unité de tous les socialistes reconnaissant la primauté de la raison, de la réflexion et de la discussion. Cette définition *intellectuelle* du parti des socialistes, supérieure à tous leurs désaccords, est, on le constate aujourd'hui, radicalement sacrifiée. En 1900, Jean Jaurès en faisait au contraire une valeur définitive.

10. Jean Jaurès, « Les deux méthodes », *in* M. Bonnafous (éd.), *Œuvres de Jean Jaurès*, t. VI, *Études socialistes*, II, *1897-1901*, Paris, Rieder, 1933, p. 189-208.

3

1905, la naissance de la SFIO
L'unité contre la liberté ?

Le 26 avril 1905, la naissance de la Section française de l'Internationale ouvrière (SFIO) réalisa l'unité longtemps recherchée des socialistes français. Cette victoire politique, qui ouvrit la voie à des succès électoraux croissants, exigea de lourds sacrifices auxquels consentit Jean Jaurès, le premier artisan de l'unité. Les expériences du passé, où des rapprochements avaient pu s'opérer entre courants socialistes, furent écartées au profit de solutions très organisationnelles et guère intellectuelles. Jaurès tenta cependant, à *L'Humanité* qu'il avait créée l'année précédente ou dans certains engagements moins partisans, de garder par-devers lui l'esprit du « parti de la liberté » qu'il avait décrit à Lille lors de la conférence des « deux méthodes ».

La longue marche de l'unité

Les crises nationales de la fin du XIXe siècle avaient eu comme conséquence de mettre en effet l'unité à l'ordre du jour des socialistes, que les événements ne cessaient de diviser. L'affaire Dreyfus avait poussé jusqu'au paroxysme ce devoir que Jaurès fut bien près d'accomplir. Alors que les socialistes se déchiraient sur l'attitude à adopter devant le sort tragique d'un « bourgeois » et les menaces considérables qui pesaient sur la démocratie républicaine, il avait posé la question de l'unité au cours d'un meeting, le 7 juin 1898 à la salle Tivoli-Vauxhall à Paris. La défense de la République encouragea les allemanistes, comme durant la crise boulangiste, à organiser un Comité d'entente conçu comme un « comité de rapprochement socialiste » entre les principaux courants socialistes. Cette dynamique unitaire ne fut pourtant pas capable de mener à la création d'un parti socialiste unifié, en raison précisément des profondes divergences idéologiques qu'avait fait naître l'affaire Dreyfus et de l'extension considérable des enjeux politiques que les socialistes devaient désormais assumer. Par leur engagement dreyfusard, Jean Jaurès, Jean Allemane ou Lucien Herr avaient démontré que les socialistes, loin de se désintéresser des libertés démocratiques, devaient au contraire s'en saisir et s'en faire les défenseurs.

Jean Jaurès ne renonça pas à son objectif d'unité, de même qu'il poursuivit son engagement pour aboutir à une victoire de la justice dans l'affaire Dreyfus. Après son grand discours des 6 et 7 avril 1903 qui relança l'engagement dreyfusard, il s'employa à œuvrer pour l'unification des socialistes. Celle-ci fut préparée intensivement au cours de l'année 1904. Dans le même temps, Jaurès – comme à Carmaux le 25 septembre devant 3 000 personnes – réaffirma qu'il existait un devoir des socialistes envers la République qui passait par des solutions d'alliance avec les démocrates bourgeois et de lutte contre la violence politique. Maintenir ces deux objectifs constituait un défi qu'il tenta de relever.

La création de *L'Humanité* représenta une étape importante dans la marche des socialistes vers l'unité. Fondée grâce à l'aide financière et intellectuelle de plusieurs de ses amis (Lucien Lévy-Bruhl, Lucien Herr, Léon Blum) et dans la mouvance du « socialisme normalien [1] », le nouveau quotidien ne se projeta pas exclusivement dans la doctrine socialiste. Il fit même le contraire. Le journal, dirigé jusqu'à sa mort par Jaurès, s'appliqua à apporter à ses lecteurs une méthode et un savoir qui devaient renforcer son jugement et augmenter sa liberté – « par des informations étendues et exactes, donner à toutes les intelligences libres le moyen de comprendre et de juger elles-mêmes les événements du monde [2] ». Le projet nourrissait même toutes les pratiques intellectuelles de critique, de savoir et de vérité.

L'essentiel de l'éditorial du premier numéro, paru le 18 avril 1904 et vendu à 130 000 exemplaires, était consacré à la promesse de liberté politique portée par le socialisme. L'unité constituait l'un des moyens décisifs d'un tel avènement. Jaurès s'en convainc définitivement après le congrès d'Amsterdam de la IIe Internationale. Ces débats de la mi-août 1904 décidèrent finalement du processus d'unification. Jean Jaurès dut repousser de vives critiques sur la politique de la participation. Jules Guesde fut l'un des opposants les plus déterminés, contestant que la République ait pu avoir été en danger pendant l'affaire Dreyfus et accusant celui qui s'était engagé pour Dreyfus de réduire le socialisme à une étape avancée de la révolution démocratique du XVIIIe siècle. Jaurès répondit sur le fond, défendant le caractère historique et progressiste de la République en France et le soutien que pouvait lui accorder le prolétariat [3].

1. Cf. Christophe Prochasson, *Les Intellectuels, le Socialisme et la Guerre, 1900-1938*, Paris, Seuil, « L'Univers historique », 1993.

2. Joignant le geste à la parole, Jaurès chargea Lucien Herr de la politique étrangère.

3. Cf. Charles Rappoport, *Jean Jaurès. L'Homme. Le Penseur. Le Socialisme* [1915], rééd. Paris, Anthropos, 1984, p. 57 *sq.*

Bebel riposta en reconnaissant que la République était certes préférable à un « pays réactionnaire, féodal, policier [mais] que nous ne nous ferons pas casser la tête pour elle ». Jaurès comprit à ce moment que l'heure des choix était venue. La majorité du congrès lui dictait du reste la marche à suivre en rejetant la motion conciliante formée par Victor Adler et Émile Vandervelde, et en votant celle qui demandait l'unification des partis socialistes dans chaque pays : « Après Amsterdam [...] il est, par-dessus tout, l'homme de l'unité », conclut Vandervelde [4].

Le choix de l'unité eut pour conséquence la rupture de Jaurès avec ses anciens compagnons réformistes, dont Briand, Millerand et Viviani. Au congrès extraordinaire du Parti socialiste français qui eut lieu en mars 1905, il entraîna la majorité à voter la fin de l'union avec le Bloc des Gauches. La voie était ouverte pour la dernière étape de l'unité. Le 23 avril, les délégués du Parti socialiste français, ceux du Parti socialiste de France et les représentants de différentes fédérations autonomes se réunirent à la salle du Globe. Deux jours plus tard naissait la Section française de l'Internationale socialiste. Pour Jaurès, qui s'était pleinement investi dans cette issue, le gain de puissance obtenu grâce à l'unité compensait largement les défections des réformistes, persuadés de la victoire des révolutionnaires dans cette bataille longtemps incertaine. D'autres, parmi lesquels beaucoup de ses amis qui n'étaient guère tentés par la fusion, firent au contraire le pari du « jaurésisme » contre le guesdisme. Le 14 décembre suivant, Jaurès pouvait annoncer, du haut de la tribune de la Chambre, le mouvement irrésistible d'un socialisme libérateur et victorieux, si puissant qu'il pouvait incarner la patrie elle-même.

4. Émile Vandervelde, *Souvenirs d'un militant*, Paris, Denoël, 1939, p. 157.

La fidélité de Jean Jaurès

En dépit de la vive critique de Jaurès par Charles Péguy [5] et malgré toutes les apparences, Jean Jaurès ne renonça pas aux combats pour l'humanité et la démocratie qui dépassaient toutes les logiques de parti. Certes, en ce qui concerne le combat dreyfusard, la discrétion fut de mise après 1905. Le 12 juillet 1906, il salua l'arrêt de la Cour de cassation qui avait proclamé la pleine innocence du capitaine Dreyfus. Mais rien de comparable cependant avec le temps des *Preuves*. Pour Georges Lefranc, Jaurès « s'astreint à la prudence [6] », pour ne pas menacer la fragile unité. Jusqu'à *L'Armée nouvelle* de 1912, de très rares occurrences. Cependant, il conserva l'inspiration de son engagement passé. On le vit ainsi à l'œuvre dans son combat contre la peine de mort ou pour sauver l'ouvrier Durand. Son discours à la Chambre des députés du 18 novembre 1908 en réponse à Maurice Barrès s'éleva au-delà du socialisme pour défendre les valeurs qui avaient été celles du combat dreyfusard affrontant le racialisme et le nationalisme. « Ce n'est pas le socialiste qui parle, c'est l'homme qui a traversé des jours mauvais, qui a pris forcément contact avec une population bien triste sans doute, mais dont il faut également s'occuper et à laquelle il convient de donner l'égalité de traitement, afin de ne pas voir se reproduire les scandales dont je vous ai entretenus [7]. »

5. Cf. « Courrier de Russie », in *Œuvres en prose complètes*, t. II, Paris, Gallimard, « Bibliothèque de la Pléiade », 1988, p. 73-74.
6. *Le Mouvement socialiste sous la troisième République*, *op. cit.*, p. 134.
7. Jean Allemane déclara à la suite de Jaurès : « Pour l'honneur de notre pays, pour l'honneur du parti républicain, pour l'honneur de la République française, je vous supplie de ne pas aggraver notre système de pénalités et de

L'affaire Durand, surnommée l'« affaire Dreyfus ouvrière », concerna, deux ans plus tard, le sort d'un ouvrier charbonnier et syndicaliste havrais condamné à mort le 25 novembre 1910 pour complicité d'assassinat d'un « jaune ». La condamnation fut obtenue à la suite d'une machination policière et de la complicité bienveillante de la cour d'assises de la Seine-Inférieure. Après une intense bataille intellectuelle, juridique et politique, une première victoire fut remportée avec la mise en liberté provisoire de Jules Durand [8]. Le 16 février 1911, dans *L'Humanité*, Jaurès affirma que c'était notamment le souvenir de l'affaire Dreyfus qui avait « sauvé Durand ». À nouveau, comme en 1898, l'honneur et la dignité de la République avaient été de faire respecter tous les droits d'un homme. Le socialisme devait alors comprendre où se situait son propre combat : « Bien des injustices sont encore à réparer ou plutôt, si la République ne veut pas se déshonorer, c'est une attitude toute nouvelle envers le prolétariat qu'il faut qu'elle adopte enfin. C'est un esprit vraiment nouveau qui doit pénétrer les institutions, les lois et les juges. L'ordre véritable en sera mieux assumé, comme les progrès, la liberté et le droit. »

La lutte contre la guerre, enfin, fut l'occasion pour Jaurès de rappeler l'affaire Dreyfus, et avec elle l'importance du combat pour la démocratie. En 1911, il fit paraître en édition de librairie la très longue « proposition de loi sur l'Organisation de l'Armée » défendue lors de la séance du 14 novembre 1910, sous le titre *L'Armée nouvelle*. Les pages consacrées à l'affaire

---

vous contenter de celles, largement suffisantes, que peut-être un restant de barbarie a mises à votre disposition. N'appliquez pas la question. » Cf. *Abolir la peine de mort. Le débat parlementaire de 1908*, avant-propos de Robert Badinter, postface de Madeleine Rebérioux, notes de Gilles Candar, *Cahiers Jaurès*, n° 2, 1992.

8. Tombé dans la folie en raison de son incarcération, Jules Durand fut cependant interné le 30 mars 1911.

Dreyfus esquissaient une histoire politique de la France, celle qui avait tant manqué aux socialistes durant toutes ces années et qui aurait pu leur montrer le chemin des réformes nécessaires pour construire la démocratie. Jaurès se fit, une nouvelle fois, une dernière fois, penseur de la politique et du socialisme, par l'examen critique d'un passé qui semblait désormais si loin : « Ainsi, cette fois encore, malgré tout, la vérité, le droit, la liberté républicaine l'ont emporté[9]. »

Si Jaurès insistait à ce point sur la grande crise de l'affaire Dreyfus, c'est parce qu'elle avait correspondu à l'apogée de la menace du nationalisme et qu'elle avait, dans le même temps, révélé « la force de la tradition civile dans la démocratie républicaine française », « la décision [de] toute la vertu éducative du régime républicain », et la volonté de résistance des « républicains restés fidèles à l'idée même de la République ». Celle-ci avait peut-être été « responsable, par ses faiblesses premières, du péril qu'elle a couru ». Mais l'événement avait prouvé ensuite que « la démocratie républicaine, un moment surprise par cet assaut d'apparence formidable, a disposé, dès qu'elle s'est ressaisie, de ressources formidables[10] ». Les socialistes dreyfusards avaient pris toute leur part dans ce combat pour défendre la démocratie républicaine. Leur honneur et leur dignité avaient résidé dans cet engagement.

De la lutte contre la peine de mort à la défense de la paix en passant par l'« affaire Dreyfus ouvrière », l'esprit dreyfusard avait survécu chez Jaurès et atténué les sacrifices de l'unité. Ce passé fondateur signifiait la possibilité de construire un socialisme de la liberté, un authentique libéralisme politique porteur de la démocratie, des libertés civiles, de l'État de droit,

9. Éd. de 1915, p. 354-355.
10. *Ibid.*, p. 354.

de l'État juste limitant les inégalités et combattant la violence. Jaurès et avant lui Allemane et Herr maintenaient vivant ce socialisme idéal au milieu des logiques de parti et des stratégies de pouvoir. Sa qualité d'être à lui seul un autre parti, une forme politique supérieure corrigeant le parti réel et donnant de l'unité une autre signification, morale et universelle, renvoyait à la vérité même de la démocratie.

Penser internationalement

La relation des socialistes jaurésiens avec l'histoire s'éprouva aussi dans la manière dont ils surent « penser internationalement », pour reprendre une expression appliquée à Jean Longuet, un très proche de Jaurès [11]. Entre 1905 et 1914, ce dernier se transporta littéralement dans le vaste monde, plus encore qu'il ne l'avait fait à la fin du siècle. Cette action ne concernait pas seulement les congrès de l'Internationale ou les relations entre socialistes. Voyant venir la guerre mondiale, Jaurès s'attacha, article après article, à en décrypter les logiques et les pratiques pour mieux la prévenir et la combattre. Face aux formes de violence extrême qui se développaient, le socialiste se fit historien pour penser l'avenir et réunir les armes de la paix. « Les événements des Balkans donnent une idée de ce que serait la guerre universelle, écrivait-il dans *La Dépêche de Toulouse* le 25 novembre 1912. Dans une guerre qui a duré à peine un mois, un tiers de l'effectif des armées a été détruit. Cent cinquante mille hommes sur cinq cent mille ont été mis hors de combat. C'est une proportion sans pré-

11. Cf. Gilles Candar, *Jean Longuet (1876-1936). Un internationaliste à l'épreuve de l'histoire*, Rennes, PUR, « Histoire », 2007.

cédent dans les guerres modernes. C'est la reproduction, en période civilisée, de ces grandes destructions des temps barbares où des armées entières disparaissaient. Un bâillon a été mis par les belligérants sur la bouche des correspondants militaires qui n'ont été que des prisonniers. La censure s'est exercée sur toutes leurs lettres et sur leurs dépêches ; et c'est dans une sorte de nuit, déchirée çà et là par quelques éclairs sinistres, que le drame s'est développé. »

Jean Jaurès anticipait là les désastres de la Première Guerre mondiale qui n'avait pas encore eu lieu [12]. Mais le monde qu'il regardait en socialiste et en historien s'étendait aussi vers les univers coloniaux. Après la conquête du Maroc par la France, il s'orienta vers une critique de plus en plus nette de la violence coloniale. Son discours à la Chambre des députés le 28 juin 1912 dénonça l'œuvre de destruction de la société marocaine par les actions du colonisateur, « caricatures conscientes des violences et des sauvageries inconscientes du passé ». Seule lui échappait la dimension d'autres mondes, comme celui des femmes, pour lesquelles il posa cependant en 1907, non sans avouer ses préjugés, la question « de leur droit politique et social » (*La Dépêche*, 10 janvier). L'unité n'avait pas, ainsi, étouffé totalement en Jaurès la révolte contre les injustices et la volonté d'agir contre la violence, quelle qu'elle fût.

12. Cf. Stéphane Audoin-Rouzeau et Annette Becker, *14-18. Retrouver la guerre*, Paris, Gallimard, « Bibliothèque des histoires », 2000.

4

Les héritiers de Jaurès et l'honneur de la gauche

La mort tragique de Jean Jaurès, le 31 juillet 1914, signifia la fin d'un monde autant que la séparation du socialisme d'avec sa préhistoire héroïque. La tristesse des hommages au leader assassiné traduisit la conscience de la perte irremplaçable d'une volonté politique. À de rares moments pourtant, cet ancien temps revint à la surface du monde. L'évocation de Jaurès et de son œuvre permit tout d'abord une brève renaissance de l'idéal démocratique du socialisme français.

De la « vieille maison » au Front populaire

Par fidélité à la mémoire de Jaurès, et pour l'amitié qui liait les deux hommes, Léon Blum se résigna après la Grande Guerre à assumer à son tour le leadership des socialistes. Il dut faire face à l'éclatement de la SFIO, confrontée à l'apparition de la nouvelle Internationale à direction communiste. Aux socialistes tentés par l'idéologie bolchevique, Léon Blum expliqua que son devoir était le maintien de la démocratie, à l'intérieur du parti comme à l'extérieur dans la République. Il se devait de garder la « vieille maison », celle qu'avait voulue Jaurès et qui demeurait le lieu d'une espérance politique sincère et généreuse. Léon Blum interpella en ces termes les partisans de la motion Frossard-Cachin :

> Quel sera le nouveau parti que vous voulez créer ? Au lieu de la volonté populaire se formant à la base et remontant de degré en degré, votre régime de centralisation comporte la subordination de chaque organisme à l'organisme qui lui est hiérarchiquement supérieur ; c'est, au sommet, un comité directeur de qui tout doit dépendre, c'est une sorte de commandement militaire formulé d'en haut se transmettant de grade en grade, jusqu'aux simples militants, jusqu'aux simples sections. L'autonomie des groupes et des fédérations ? Les thèses vous disent que c'est une pure et simple hérésie. Il ne peut plus être question de cela dans l'organisme communiste. [...] Vous, ce n'est plus l'unité que vous cherchez, c'est l'uniformité, l'homogénéité absolues. Vous ne voulez dans votre parti que des hommes disposés, non seulement à agir ensemble, mais encore prenant l'engagement de penser ensemble : votre doctrine est fixée une fois pour toutes ! *Ne varietur !* Qui ne l'accepte pas n'entre pas dans votre parti ; qui ne l'accepte plus devra en sortir [...] Eh bien ! à ce point de vue comme aux autres, nous restons du parti tel qu'il était hier et nous n'acceptons pas ce parti nouveau qu'on veut faire [1] !

La rupture se réalisa et, comme l'avait annoncé Léon Blum, le nouveau parti exclut la liberté de son fonctionnement comme de son idéologie. La vieille SFIO, qui l'avait conservée pour sa part, devint rapidement la cible du communisme français auquel l'Internationale avait imposé la tactique « classe contre classe ». La montée des fascismes conduisit cependant Moscou à suspendre la guerre contre les « sociaux-traîtres » et à soutenir

1. *Œuvres*, t. III, *1914-1928*, Paris, Albin Michel, 1972.

des alliances de « front populaire ». En Espagne comme en France, le rassemblement des forces de gauche aboutit à des victoires électorales inédites. Les attentes placées dans le gouvernement de juin 36 n'échappèrent pas à celui qui allait en prendre la tête. Le 30 mai 1936, Léon Blum prononça un discours capital au XXXIIIe congrès national de la SFIO réuni à Paris. Il esquissa la responsabilité historique qui incombait aux socialistes, désormais au pouvoir en France avec les radicaux, mais sans les communistes qui s'engagèrent seulement à soutenir le gouvernement du Front populaire. L'analyse de Léon Blum était essentielle. Il soulignait dans son discours que ni le parti, ni ses militants, ni ses dirigeants même n'épuisaient le socialisme. Le devoir de la gauche était précisément de reconnaître cette exigence de politique en chaque homme ou femme et d'y répondre, surtout quand ceux-ci avaient été privés de toute expression.

Le souci qui guidait Léon Blum et son gouvernement d'assurer, « dans le cadre du régime actuel [...] un soulagement suffisant aux misères de ceux qui souffrent », n'étouffa pas la conscience des menaces fascistes et nazies qui se répandaient sur l'Europe entière. Certes, Léon Blum renonça à soutenir officiellement le *Frente popular* espagnol attaqué par la conjonction des tyrannies. Mais il s'éleva publiquement contre l'« inconcevable », l'« inexplicable recul » soudain imposé à la civilisation, où « tout a été remis en question, tout semble détruit et l'humanité rétrogradant, reculant, paraît revenir d'un coup jusqu'à des époques dont nous avions perdu le souvenir dans notre mémoire, que nous n'arrivions même plus à concevoir ou à nous représenter exactement, jusqu'à des temps de fanatisme idolâtre, d'où toute civilisation humaine avait dû lentement s'évader[2] ».

2. In *Discours politiques*, *op. cit.*, p. 211-216.

Face aux défis incommensurables qui s'abattaient sur l'Europe, Blum refusa d'abdiquer aucun de ses idéaux démocratiques et sociaux. Alors que le gouvernement de Vichy, allié de l'Allemagne nazie, le mit en jugement pour sa responsabilité dans la défaite de 1940, il affirma haut et fort sa fierté d'avoir conduit les réformes du Front populaire, parce qu'elles étaient l'âme de la France. C'est ce qu'il déclara, solennel, à ses juges du procès de Riom, le 11 mars 1942 : « Nous avons, dans un temps bien périlleux, personnifié et vivifié la tradition authentique de notre pays, qui est la tradition démocratique et républicaine. De cette tradition, à travers l'histoire, nous aurons malgré tout été un moment. Nous ne sommes pas je ne sais quelle existence monstrueuse dans l'histoire de ce pays parce que nous avons été un gouvernement populaire : nous sommes dans la tradition de ce pays depuis la Révolution française. Nous n'avons pas interrompu la chaîne, nous ne l'avons pas brisée. Nous l'avons renouée et nous l'avons resserrée. »

Il conclut sur la certitude qui était la sienne de voir la France recueillir le bienfait de cette action, « dans l'avenir où nous plaçons notre espérance, et que ce procès même, ce procès dirigé contre la République, contribuera cependant à préparer [3] ». De fait, Léon Blum avait profondément raison. Si la Résistance française eut cette dimension populaire et spontanée qu'on lui reconnaîtra plus tard, c'est bien parce que le Front populaire avait donné des raisons de combattre, afin de défendre la fraternité et l'espérance nouvelles qu'il avait fait naître. Jean-Pierre Vernant n'écrivit pas autre chose lorsque, quarante ans plus tard, il revint vers la résistance de sa jeunesse. Le régime du Maréchal

3. *Ibid.*, p. 234 (et *L'Histoire jugera*, Montréal, L'Arbre, 1943, p. 347-348).

niait tout ce qu'il aimait et pour lequel il était prêt à se battre absolument [4].

Au lendemain de la Libération, Léon Blum voulut donner une ultime définition de ce socialisme qui fondait une politique de l'homme et de la justice. Ce fut son essai *À l'échelle humaine*, publié aux éditions Gallimard en 1945. Il y écrivait que le socialisme appartenait aux traditions françaises de liberté, d'égalité et de fraternité. Les convictions de Léon Blum ne se réduisaient pas à de vaines proclamations. L'œuvre du Front populaire et sa portée historique répondaient pour lui. Mais de nombreux socialistes le firent en son nom, de Pierre Brossolette à André Philip en passant par Jean Guéhenno, intellectuels et résistants qui enseignèrent que le socialisme, effectivement, n'avait répudié ni le sentiment de la vertu ni celui de l'honneur.

Jeunesse du socialisme

Dans les années qui précédèrent la Seconde Guerre mondiale, de jeunes socialistes choisirent d'assumer les défis de l'histoire. Ils y trouvèrent les raisons de persister dans la défense d'une authentique politique de gauche. En 1933, Pierre Brossolette, un normalien devenu journaliste, s'engagea dans un examen de conscience du socialisme, au nom des idéaux de la jeunesse et de l'enseignement « d'un Jaurès ou d'un Briand » : « Maintenir, même sous des régimes hostiles et même au milieu des désastres, cette primauté de la vie spirituelle : voilà peut-être ce que peut faire la jeune

4. In *La Traversée des frontières (Entre mythe et politique II)*, *op. cit.*, p. 27.

génération [5]. » La critique sans complaisance du socialisme français n'excluait pas la pleine participation aux combats et aux espérances de la gauche dès lors que celle-ci retrouvait la voie de la dignité et de la démocratie. L'écrivain Jean Guéhenno salua ainsi la fête du 14 juillet 1935, dans la promesse du Front populaire qui se construisait déjà avec la certitude d'une liberté reconquise et d'un pouvoir neuf en face du fascisme dominant. « C'est ainsi que les ennemis de la démocratie lui ont rendu la force. Ce peuple ne renonce pas à son espérance et veut demeurer le maître de son destin [6]. »

La détermination de ces jeunes socialistes les dirigeait vers les causes perdues et pourtant nécessaires pour arracher le socialisme à la tentation de la défaite ou du nationalisme. Le 6 février 1939, Pierre Brossolette demanda que la France accorde l'hospitalité aux soldats de l'armée républicaine espagnole décimée. « Au moment où cette armée vaincue pénètre sur le sol de notre pays, écrivait-il dans *Le Populaire*, l'organe de la SFIO, nous la saluons avec une amitié fraternelle. Libre à des hommes dont tout l'héroïsme consiste à passer des ordres de bourse, libre à des femmes dont le courage va jusqu'à bavarder tous les jours autour d'une table à thé, libre à tous ceux chez qui l'égoïsme de la richesse a tué à la fois le cœur et l'esprit, d'insulter à la défaite de cette poignée de déshérités qui se sont levés voici deux ans pour défendre leur idéal [7]. »

Pierre Brossolette, comme Jean Guéhenno, s'engagea dans la Résistance française. Il en fut l'un des principaux

5. « Pour les moins de trente ans d'aujourd'hui », *Notre Temps*, Paris, 2-9 juillet 1933, in *Résistance (1927-1943)*, textes édités par Guillaume Piketty, Paris, Odile Jacob, 1998, p. 47-49.

6. « Valeur d'une fête », in *Entre le passé et l'avenir*, Paris, Grasset, 1979, p. 273-274.

7. « La Catalogne a succombé », *Le Populaire*, 6 février 1939, et *Résistance*, *op. cit.*, p. 98-100.

dirigeants, et l'une des figures héroïques les plus justes et les plus reconnues [8].

Le Socialisme trahi

André Philip fut aussi un résistant de premier plan [9]. Protestant comme Guéhenno, économiste, député du Front populaire, il refusa les pleins pouvoirs au maréchal Pétain le 10 juillet 1940. Entré dans la Résistance, il prit la direction du mouvement de Libération-Sud puis rejoignit le général de Gaulle à Londres. Ce dernier le nomma commissaire à l'Intérieur au sein du Comité français de Libération nationale, puis commissaire d'État chargé des relations avec l'Assemblée consultative d'Alger. À la Libération, il porta les espoirs d'un socialisme démocratique, avec Léon Blum dont il apparut comme l'héritier direct. Mais le raidissement doctrinal du parti et la force du conservatisme marxisant incarné par Guy Mollet eurent raison de cette jeunesse du socialisme, définitivement vaincue. Loyal, André Philip avait soutenu l'arrivée au pouvoir du chef de la SFIO et même consenti à la solution des pleins pouvoirs. Mais il critiqua l'usage de ces derniers au congrès de Lille en juillet 1956. Au congrès extraordinaire de la Fédération de la Seine et au conseil national du parti en janvier 1957, il posa la question de savoir si l'expédition de Suez, qu'il avait d'abord soutenue, n'avait pas précipité l'intervention soviétique en Hongrie en

8. Cf. Guillaume Piketty, *Pierre Brossolette. Un héros de la Résistance*, Paris, Odile Jacob, 1998.

9. Cf. Christian Chevandier et Gilles Morin, *André Philip, socialiste, patriote, chrétien*, Paris, La Documentation française, 2005. Voir également François Lafon, « André Philip et le socialisme français trahi », *in* Sylvain Boulouque et Pascal Girard (dir.), *Traîtres et trahisons*, Paris, Seli Arslan, 2007, p. 142-158.

libérant les mains des Russes à l'Est. La rupture devint définitive après la publication par *L'Express*, le 21 décembre, de son discours délivré devant le comité directeur le 15 décembre précédent. André Philip fut traduit devant le comité directeur le 22 janvier 1957. Refusant de plier, il développa sa critique dans un ouvrage paru en juin 1957.

Le Socialisme trahi se présente comme un réquisitoire implacable contre le « national-molletisme » et l'effondrement moral de la France dans la guerre d'Algérie. Pour l'ancien résistant, le gouvernement socialiste de Guy Mollet avait, dans sa politique algérienne, trahi le socialisme par son incompréhension de la réalité et son refus même de toute politique, au profit du seul maintien des pouvoirs de l'armée et d'un nationalisme impérial. Sa critique de la situation créée par l'aveuglement des socialistes était sans appel et d'une lucidité définitive. La critique d'une situation historique s'articulait à la critique politique du socialisme. La politique algérienne du gouvernement de Guy Mollet démontrait une trahison complète des idéaux du socialisme tels que l'histoire les avait révélés. Le parti affrontait un drame majeur dont André Philip se saisit pour le comprendre en le rapportant à la situation des hommes et des idées de l'époque. L'ampleur du drame se révélait dans les conclusions du livre :

> Le gouvernement socialiste actuel a abandonné, non seulement l'idéal propre du socialisme, mais même l'ensemble des valeurs démocratiques et humaines, qui ont constitué, jusqu'ici, l'esprit républicain. Il évolue de plus en plus vers un nationalisme cocardier, petit-bourgeois et réactionnaire. Comment cela a-t-il pu se passer ? Pourquoi ces hommes ont-ils agi ainsi ? Pourquoi le Parti ne s'est-il pas encore révolté ? Que peut-on faire pour redresser la situation ?

La dernière partie du *Socialisme trahi* fournit les réponses à ces questions décisives et iconoclastes. La situation intellectuelle des cadres du parti apporte les premières explications à cet effondrement moral et politique de la SFIO. Les causes profondes remontent à la création même du parti et à la force du courant guesdiste face aux milieux jaurésistes. Pour André Philip, cette faiblesse intellectuelle et politique des équipes aurait pu être surmontée « si les préoccupations gouvernementales avaient été *pensées et dominées* ». Le contraire se produisit selon lui : « au lieu de prendre conscience de ses limites et de ses insuffisances, *on s'en vante et on les systématise* ».

Le plus grave pour André Philip tenait dans le mépris avec lequel le parti traitait ses intellectuels, et particulièrement ceux qui avaient les compétences pour penser l'action gouvernementale et l'Algérie contemporaine. Le gâchis était considérable d'autant qu'il était volontaire. En résumé, la SFIO de Guy Mollet se caractérisait par « l'acceptation consciente de l'*ignorance* ». Ce réalisme anti-intellectuel, consistant « à résoudre les problèmes au jour le jour, en refusant de les hiérarchiser et de les penser dans leur ensemble », confinait au « cynisme moral, tous les moyens paraissant bons pour atteindre le but fixé, qui n'était d'ailleurs que la persévérance dans le maintien au pouvoir ». Et la pratique du pouvoir s'est caractérisée alors par des comportements antidémocratiques primaires : « Le mépris publiquement affirmé pour les intellectuels torturés, les chrétiens idéologues, les moralistes [...], le recours à la force sous son aspect le plus primitif, militaire et policier, et la poursuite d'une politique anachronique, exprimant des réactions de petits-bourgeois du XIXe siècle [10]. »

10. *Le Socialisme trahi*, Paris, Plon, 1957, p. 195 *sq*.

Le parti détruit

Si le parti ne sut pas réagir à cette trahison du socialisme dans la pratique gouvernementale de Guy Mollet, ce fut en raison de sa propre déchéance qu'André Philip retraça dans les dernières pages de son livre. D'une part, les militants ignorant la situation réelle, particulièrement en Algérie, étaient privés, comme citoyens, des moyens d'information par l'« utilisation systématique, et aussi remarquable, de l'ensemble des moyens d'information, aux seules fins d'assurer la propagande du pouvoir et d'étouffer les moyens d'expression de la pensée libre ». L'étouffement sévit plus particulièrement dans le parti lui-même, où le Comité directeur et les structures fédératives étaient marginalisés au profit d'une « mainmise totale du gouvernement sur le Parti ». La composition sociale de ce dernier expliquait en partie son impuissance à combattre sa propre dérive. André Philip soulignait que la SFIO était composée de militants en majorité âgés, venus de la petite-bourgeoisie, peu enclins en résumé à changer et réagir. Par ailleurs, l'importance en son sein des fonctionnaires la rendait particulièrement sensible aux pressions gouvernementales.

Le parti socialiste évoluait selon Philip vers une seule et unique structure de pouvoir propice à un risque réel de « corruption » [11]. Cette situation était d'autant plus tragique que la base du parti demeurait saine : « il y a, chez les militants, *une volonté réelle de justice sociale et un souci profond de liberté* ». Mais ces fondements porteurs d'espoir et d'avenir étaient eux-mêmes étouffés par des réflexes stratégiques pervers, dont la sentimentalité issue du souci de ne pas heurter tel ou tel

11. *Ibid.*, p. 204.

responsable trop proche, ou bien le « patriotisme de parti », véritable processus de « cléricalisation » dès lors qu'une institution, « quelle qu'elle soit, devient son propre but, au lieu de rester l'instrument de l'idéal qui lui a donné naissance ».

Ce « patriotisme de parti » menaçait la conscience individuelle dont André Philip faisait une valeur clé du socialisme. « On lui oppose une volonté collective du Parti, à laquelle chacun devrait accepter de tout sacrifier. C'est là une voie dangereuse, qui conduirait facilement au centralisme démocratique du Parti communiste [12]. » Les autres valeurs dont le socialisme s'était voulu le garant et le défenseur, comme la vérité, se trouvaient elles-mêmes menacées d'écrasement. « *Comme au temps de l'affaire Dreyfus*, la pratique du mensonge est élevée à la hauteur d'une valeur morale. L'exemple en a été donné d'en haut. [...] Le Parti socialiste est en train de perdre, non seulement son idéal politique, mais la notion même de la vérité, et de la remplacer par un groupement de puissance autour d'un appareil administratif directeur [13]. »

La démocratie semblait pourtant encore possible, et le Parti socialiste pouvait jouer un rôle capital pour la ramener en France. C'est la thèse finale d'André Philip. La responsabilité des socialistes envers la démocratie était d'autant plus grande qu'ils étaient largement responsables de sa dégradation, à travers les agissements du gouvernement de Guy Mollet [14]. La vocation des socialistes à la démocratie se devait donc d'être relancée, en s'appuyant notamment sur la « conscience politique

12. *Ibid.*, p. 205-206.
13. *Ibid.*, p. 206.
14. « Lorsqu'une équipe gouvernementale donne l'exemple de l'ignorance, de la médiocrité intellectuelle et du cynisme moral, elle détruit les fondements moraux de la démocratie, et crée elle-même les conditions qui préparent le coup d'État. Celui-ci aura lieu si un redressement républicain ne se produit pas rapidement » (*ibid.*, p. 208-209).

des syndicats libres », sur une vision européenne et internationale des solutions politiques, et sur les jeunes générations. « Chacun doit prendre individuellement ses responsabilités », proclamait André Philip en soulignant la nécessité pour cela d'« approfondir sa pensée en remontant aux sources philosophiques ou religieuses de sa position politique ».

La démocratie possible et pourtant refusée

La démocratie signifiait « créer une laïcité nouvelle, reconstruire une commune mesure de la société, un ensemble de valeurs éthiques, sur lesquelles tous puissent se mettre d'accord, en vue d'une action commune ». Il s'agissait bel et bien d'en appeler à « un effort de pensée » capable de liquider les anciens conflits et de faire du Parti socialiste « l'élément déterminant du rassemblement démocratique et social ». Et l'auteur d'annoncer : « On pourra voir alors sauter les cadres anciens ; une nouvelle démocratie économique et sociale assurera la rénovation de nos institutions, et la naissance d'une véritable civilisation du travail [15]. »

La valeur de l'histoire défendue par André Philip ne permettait pas seulement aux socialistes d'accéder à une connaissance de leur propre passé ou de la politique française. L'histoire apparaissait aussi comme un moyen de concevoir le socialisme démocratique qui se caractériserait précisément, de manière fondamentale, par cette capacité à penser les héritages historiques. *Le Socialisme trahi* fournit de ce point de vue une éclatante illustration de ce pouvoir de l'histoire assumée et pensée dans l'effort de définition du socialisme. L'idée même

15. *Ibid.*, p. 215.

de l'histoire critique constitue un principe clé du socialisme défendu par André Philip. Et cette conception historique et démocratique est elle-même validée par l'histoire des socialistes français, à commencer par celle de Jaurès, mais à la condition de la connaître et de s'y reporter sans esprit partisan et volonté idéologique, à la manière d'un historien. Une lignée historique peut enfin définir le socialisme démocratique, de l'affaire Dreyfus à la guerre d'Algérie qui paraît y mettre fin. André Philip repousse résolument, dans tout son livre, l'engrenage et la fatalité de l'événement présent afin de maintenir la possibilité de ce socialisme de démocratie.

> L'idéal moral qui inspire le socialisme est *celui-là même de la démocratie* : désir de la justice, recherche de la vérité, respect de la dignité humaine. C'est celui que Jaurès définissait magnifiquement dans les lignes suivantes : « La justice signifie qu'en tout homme l'humanité doit être pleinement respectée. Or, il n'y a humanité que là où il y a indépendance de la volonté active, libre et joyeuse, adaptation de l'individu à l'ensemble. Là où l'homme est sous la dépendance et à la merci des autres hommes, là où la volonté ne coopère pas librement à l'œuvre sociale, là où l'individu est soumis à la loi de l'ensemble, par la force et l'habitude, et non par la seule raison, l'humanité est niée et mutilée. » [...] Le socialisme est un humanisme démocratique [16].

Le Parti socialiste ne fut pourtant pas le lieu de cette rénovation démocratique imaginée par André Philip, et qui aurait gagné tout le reste de la gauche. Ni la SFIO de 1957 ni le nouveau Parti socialiste issu du congrès d'Épinay de 1971 ne relevèrent ce défi de la démocratisation. Pour avoir manifesté sa liberté critique et sa conception du socialisme, André

16. *Ibid.*, p. 54-56.

Philip fut même suspendu de délégation puis exclu de la SFIO le 25 janvier 1958. À ce moment, le parti avait définitivement tourné le dos à toute tradition démocratique ou même simplement républicaine du socialisme. La SFIO disparut, aspirée par la tourmente gaulliste. En 1962, elle ne conservait que 20 % de ses adhérents et elle avait vu ses forces vives la quitter. La politique algérienne de Guy Mollet avait discrédité totalement le parti auprès de ses électeurs de gauche.

Le nouveau Parti socialiste de 1971 allait lui aussi se définir par une hostilité à la démocratie interne et un mépris pour la réflexion intellectuelle. La formation majoritaire de la gauche resta à l'écart de son dessein historique, à l'exception de quelques années de liberté qui précédèrent l'élection de François Mitterrand en mai 1981. Ce dernier se révéla bien davantage l'héritier de Guy Mollet que de Léon Blum. Son implication dans la guerre d'Algérie comme sa pratique du pouvoir au sein du parti rendaient impossible le processus démocratique. Le sursaut s'opéra alors à l'extérieur, du côté de l'expérience mendésiste d'une part, avec la deuxième gauche de l'autre, et à laquelle se rallia notamment André Philip.

5

Mendès France et les mendésistes Un espoir pour la gauche

Au moment où André Philip publiait *Le Socialisme trahi*, un homme et une pensée semblaient reprendre à leur compte les idéaux du socialisme démocratique. Autour d'eux se fédérèrent des individualités nombreuses et des espoirs certains. Pierre Mendès France entraînait avec lui une France de la jeunesse et de la modernité, et donnait à la gauche une perspective d'avenir.

Les mendésistes n'auraient jamais existé sans le mendésisme, et le mendésisme sans Pierre Mendès France. Cette évidence n'est pas seulement triviale. Elle veut indiquer que le mendésisme, ni doctrine idéologique, ni parti professionnel, se définit essentiellement autour d'un homme qui a lui-même porté une expérience et suscité des engagements. Le *style* politique de l'homme, révélé dans l'action, reconnu par une partie significative des élites françaises, a permis que le mendésisme survive à la disparition de son inspirateur. Il constitue aujourd'hui une référence intellectuelle et morale pour la gauche mais aussi, parfois, pour une droite en mal d'idées et de valeurs. L'expérience fondatrice fut celle du gouvernement, de juin 1954 à février 1955 ; la collectivité d'origine fut celle d'hommes et de femmes qui découvrirent avec Pierre Mendès France une politique moderne, une République moderne. « Le mendésisme a été très précisément [...] le refus d'une Église, la revanche de l'action », écrivit Claude Nicolet en se souvenant de juin 1954. « Les premiers discours marqués de Mendès France, les premiers numéros de *L'Express* nous offraient alors quelque chose de singulièrement nouveau : des analyses scientifiques de nos problèmes qui n'étaient plus les éternels exercices d'orthodoxie marxiste, des perspectives d'action qui n'étaient pas fondées sur "la prise de conscience du prolétariat" ou la conversion au communisme [1]. »

Aux origines du mendésisme
Pierre Mendès France

Le mendésisme put compter en premier lieu sur la force d'inspiration que représenta l'itinéraire exemplaire de Pierre Mendès France, et cela dès ses premiers pas en politique. Peu de zones d'ombre et une conviction républicaine éclatante. Formé dans les meilleures traditions du combat démocratique et l'ardent souvenir des héros guidés par la vérité – le dernier livre qu'il publia de son vivant dressait ce panthéon personnel –, il savait que la marque qu'il inscrirait dans l'histoire de son temps valait toutes les victoires électorales et les postes ministériels. De fait, son parcours politique fut d'emblée exceptionnel. Pur produit de l'école laïque, juif émancipé et militant étudiant républicain et radical-socialiste, élu plus jeune député de France à Louviers en 1932 à l'âge de vingt-cinq ans, « jeune-turc » du Parti radical avec Pierre Cot

1. Claude Nicolet, *Pierre Mendès France ou le Métier de Cassandre*, préface de Pierre Henri-Simon, Paris, Julliard, 1959, p. 23.

et Jacques Kayser, sous-secrétaire d'État dans le second gouvernement Léon Blum où il prôna une active politique d'interventionnisme de l'État, il refusa la défaite en juin 1940 et il s'embarqua sur le *Massilia* afin de poursuivre le combat en Afrique du Nord.

Arrêté à Casablanca le 31 août, Pierre Mendès France fut transféré à Clermont-Ferrand et condamné par le tribunal militaire à six ans de prison pour « désertion ». Comme Léon Blum à Riom, il démontra à la Cour le caractère politique du jugement qu'elle s'apprêtait à rendre. Il s'évada de la prison de Clermont le 21 juin 1941 et parvint en mars 1942 à Londres, où il retrouva Georges Boris et où il rédigea un véritable testament politique de résistance, *Liberté liberté chérie*. Officier dans une unité aérienne combattante, il participa à de nombreuses opérations, puis il fut appelé au Comité français de libération nationale comme commissaire aux Finances. En septembre 1944, il devint ministre de l'Économie dans le gouvernement provisoire de la République française de plein exercice dans Paris libéré. Il tenta de transformer le ministère en laboratoire de l'action et de la réflexion. Il créa notamment une direction officieuse du Plan qui fut confiée à Georges Boris, et il multiplia les allocutions radiophoniques pour expliquer sa politique aux Français et dénoncer le piège de la politique d'inflation. Incarnant l'orthodoxie contre un René Pleven plaidant la dérive financière, il fut finalement sacrifié en avril 1945 par les arbitrages du général de Gaulle – lequel lui donnera pourtant raison en décembre 1958 en adoptant le plan Pinay-Rueff d'assainissement des finances publiques.

Dans l'immédiat, le député de l'Eure reconquit sans difficulté ses mandats nationaux et locaux. Mais, isolé dans son parti et au sein de la coalition tripartite, hostile au régime d'assemblée de la nouvelle Constitution, il opta pour des responsabilités d'expert économique, au FMI, à la BIRD, à l'ENA, à la Commission des comptes et des budgets économiques de la nation. Ses convictions keynésiennes l'amenèrent à concevoir, avec l'ancien commissaire général à la productivité Gabriel Ardant, un ouvrage sur *La Science économique et l'Action* qui parut en 1954. Il n'hésita pas, quand il le put, à défendre des convictions politiques plus générales. Mais ses interventions publiques se voulaient marquées du sceau de la responsabilité en politique. Il fallait choisir et « expliquer au pays loyalement que tout n'est pas possible en même temps ».

Le 28 mai 1953, alors que la Chambre peinait à trouver un successeur à René Mayer dont le gouvernement avait été renversé, Pierre Mendès France fut appelé en consultation à l'Élysée. Vincent Auriol révéla la teneur de leur entretien. Se dessinait déjà, derrière le candidat désigné à la présidence du Conseil, la perspective d'une politique inédite fondée sur une nouvelle société, et la jeunesse d'un pays. Avec Georges Boris et Jean-Jacques Servan-Schreiber, qui venait de lancer *L'Express* le 16 mai précédent, il prépara son discours d'investiture qui devait être un programme de gouvernement. Dénonçant l'agitation de couloirs, qui l'empêchera d'être investi cette fois-là, inscrivant son action présente et future sous le signe de trois hommes qui avaient laissé « une trace ineffaçable » dans sa pensée, Poincaré, Blum et de Gaulle, il lança un appel à la jeunesse « dont le destin est le véritable enjeu de nos débats ».

L'expérience gouvernementale de 1954

Si Pierre Mendès France fut battu le 3 juin 1953, il triompha un an plus tard, le 18 juin 1954, à l'issue d'un nouveau discours d'investiture, qui a imprimé sa marque sur une jeunesse de gauche en quête d'idéal politique. En 1977, l'historien Michel Winock écrivit le récit de la IVe République et se souvint de son émotion d'étudiant à l'annonce de l'investiture du nouveau président du Conseil: «Le cran, l'audace, l'énergie, un presto inaccoutumé dans l'art politique, ce côté "je suis venu, j'ai vu, j'ai vaincu", voilà ce qui nous séduisait en Mendès France. Il n'avait pas l'éclat physique qui séduit ordinairement la jeunesse, c'est par le caractère et la rigueur qu'il émerveillait[2].»

Les principaux engagements du discours d'investiture du 18 juin 1954 – paix en Indochine, autonomie de la Tunisie, modernisation de l'économie, politique scientifique – furent tenus durant les 230 jours d'une expérience gouvernementale qui s'acheva le 5 février 1955. Sa signification va cependant au-delà des bilans les plus flatteurs. Pierre Mendès France transforma l'hôtel Matignon en un laboratoire de l'action publique qui rassembla les équipes initiales autant qu'il jeta les bases d'un mendésisme de gouvernement et, au-delà, d'une galaxie mendésiste qui perdura.

Installé au Quai d'Orsay, le chef du gouvernement travailla avec une structure légère et très active, une forme de «commando», animée par Georges Boris, Simon Nora dont le père, médecin, avait soigné celui de Pierre Mendès France, et Léone Georges-Picot, ancienne de *L'Express* et future madame Nora. Georges Boris était, de l'avis des initiés, le chef d'état-major du gouvernement. Flanqué de Stéphane Hessel qu'il avait connu à Londres dans la France libre, il se dépensait sans compter pour son patron et mobilisait à son profit ses nombreux réseaux politiques, économiques, administratifs. Le

2. Michel Winock, *La République se meurt. Chronique 1956-1958*, Paris, Seuil, 1978; rééd. « Folio histoire », 1985, p. 13.

cabinet du président du Conseil, dirigé par André Pélabon, ressemblait lui aussi bien davantage à un *brain trust* pensé sur le modèle rooseveltien qu'à la configuration républicaine classique. En tant que ministre des Affaires étrangères, Pierre Mendès France s'appuyait sur un autre cabinet au Quai d'Orsay. Durant les négociations de Genève, il disposait d'un groupe de conseillers sur place. Le ministère des Finances, occupé par le radical Edgar Faure, était chapeauté par le « groupe des neuf », composé d'experts comme Claude Gruson, Paul Delouvrier ou même Valéry Giscard d'Estaing, à l'époque jeune haut fonctionnaire.

Après le premier cercle des plus proches et le deuxième cercle des conseillers officiels, venait le troisième cercle de l'entourage, symbolisé par Jean-Jacques Servan-Schreiber, Françoise Giroud et leur équipe de *L'Express*. Il se manifestait de manière très régulière et savait apporter sa compétence sur des dossiers précis comme celui de la paix en Indochine. Louis Armand, Roger Stéphane, Alfred Sauvy et Jean-Jacques Servan-Schreiber conseillaient directement le président du Conseil à ce sujet. Le rôle de ces acteurs s'avéra essentiel dans la politique de communication qu'inaugura Pierre Mendès France pour faire connaître et expliquer ses choix. *Le Monde*, *France-Soir*, *France-Observateur* soutenaient l'action gouvernementale grâce aux influences déterminantes de Pierre Viansson-Ponté, de Roger Stéphane et de Pierre Lazareff. Même *Le Canard enchaîné*, fait exceptionnel, s'engagea pour Pierre Mendès France. Cette communication politique, à laquelle participa directement le chef de gouvernement par ses « causeries du samedi » à la radio, contribua à forger une nouvelle vision de l'État, celle-là même qui constituait le point de convergence des mendésistes gouvernementaux, unis dans la volonté de redonner un sens et un pouvoir à l'action publique. Beaucoup de jeunes diplômés de l'ENA, dont certains avaient suivi les cours de Pierre Mendès France, voyaient dans son expérience de gouvernement la preuve d'une modernisation possible de l'État et de la République. Ils œuvrèrent dans les cabinets ou bien dans les institutions dites de mission comme le Plan ou le Conseil supérieur de la recherche scientifique et du progrès technique, pépinière de jeunes talents prêts à se mettre au service d'une volonté qu'ils appréciaient pour sa dimension aussi bien politique et gouvernementale qu'administrative et intellectuelle.

Tentative de rénovation à gauche

Après la chute de son gouvernement, le 5 février 1955, Pierre Mendès France découvrit les soutiens et les espoirs qu'il avait fait naître, tant auprès de l'opinion publique que chez les élites administratives, intellectuelles et politiques. Si les premières lui étaient acquises sans trop de difficulté, les deuxièmes durent être davantage rassemblées, tandis que les troisièmes lui apparaissaient désormais nécessaires pour réussir la greffe de la République moderne sur le vieux Parti radical. Pierre Mendès France voulut donner à ce dernier un rôle clé dans la reconstruction de la gauche non communiste. Il n'avait pas changé de position sur la forme que devait prendre l'action politique qui revendiquerait son nom et ses idées. Au-dessus du mendésisme, il y avait toujours pour lui, à cette époque, le radicalisme, c'est-à-dire une certaine idée de la République. Le gaullisme et particulièrement l'aventure du RPF symbolisaient au contraire « cette personnalisation de la politique qui rassemble des gens de droite et des gens de gauche sur le seul nom d'un homme ». Le radicalisme avait encore de l'avenir, à condition de le redéfinir et avec lui toute la gauche. « En restant sur les rails radicaux, insistait Pierre Mendès France, il me semblait que je demeurais d'autant plus clairement à gauche que mon premier mot d'ordre serait l'alliance avec les socialistes et la rupture avec la droite [3]. »

Méfiant à l'égard des mendésistes, Pierre Mendès France ne comptait pas moins sur eux pour réussir sa conquête du Parti radical. Emmenée par Charles Hernu et son Club des Jacobins, portée par les Jeunesses radicales, cette nouvelle génération de « jeunes-turcs » accompagna l'offensive de leur prestigieux aîné. Les mendésistes déclenchèrent la campagne contre l'état-major du parti et son président administratif Martinaud-Déplat, accusés d'avoir torpillé l'expérience gouvernementale de Pierre Mendès France. Celui-ci pouvait compter aussi sur le soutien, certes plus ambigu, des « orthodoxes » du parti, notamment les radicaux du Sud-Ouest, « qui savent gré à Mendès de ramener le parti à gauche, mais ne le suivront pas dans toutes ses initiatives, en particulier sur la question algérienne [4] ». Un congrès extraordinaire fut convoqué salle Wagram le 4 mai 1955. Pierre Mendès France et ses partisans obtinrent la suppression de la présidence administrative, la nomination d'une commission chargée de réviser les statuts du parti et de préparer une plate-forme pour les élections de 1956, et la création d'un poste de « premier vice-président », Édouard Herriot, qui soutenait l'opération, restant président. L'offensive mendésiste se ressentit dans le dynamisme retrouvé du parti.

La reprise en main du Parti radical, le choix de l'alliance à gauche et le crédit personnel de Mendès France dans l'opinion firent de ce dernier l'homme clé du Front républicain qui se

3. *In* Jean Lacouture, *Pierre Mendès France*, Paris, Seuil, 1981, p. 397.
4. Gérard Baal, *Histoire du radicalisme*, Paris, La Découverte, « Repères », 1994, p. 105.

constitua avec la SFIO de Guy Mollet, l'UDSR de François Mitterrand et les Républicains sociaux de Jacques Chaban-Delmas en vue des élections du 2 janvier 1956. La victoire du nouveau « Cartel des Gauches » fut d'abord celle de Pierre Mendès France. Mais ce dernier fut écarté de la tête du nouveau gouvernement au profit de Guy Mollet. Par loyalisme, il accepta de devenir ministre d'État sans portefeuille. Mais Pierre Mendès France finit par entrer en opposition frontale avec la politique de Guy Mollet et la manière dont il administrait l'État, plaçant ceux qui lui étaient inféodés à tous les postes clés. Il rejoignait là les critiques sévères qu'adressait André Philip à la pratique du pouvoir du chef de la SFIO. Cette situation vite intenable le conduisit à la démission, le 23 mai 1956.

Pierre Mendès France reprit sa liberté de parole, mais il ne parvint pas à clarifier sa position sur l'Algérie, à la différence des minoritaires de la SFIO emmenés par Alain Savary, Édouard Depreux et l'ancien secrétaire national des étudiants socialistes, Michel Rocard. Les difficultés croissantes du gouvernement de Guy Mollet scellèrent l'échec du Front républicain qu'incarnait Mendès France. Les mendésistes du Parti radical se trouvèrent alors affaiblis devant une aile conservatrice qui décida de faire scission en créant une nouvelle formation, le futur Centre républicain. Les radicaux orthodoxes entrèrent à leur tour dans la contestation en reprochant à Pierre Mendès France son passage à l'opposition à Guy Mollet. Le « premier vice-président » constata la quasi-disparition de son autorité sur ses troupes. Il renonça au Parti radical le 5 mai 1957. Sa tentative de rénovation à gauche avait échoué. Pis, Pierre Mendès France se retrouvait totalement isolé dans la vie politique. Seule une dizaine de députés et les cadres qu'il avait installés rue de Valois lui demeurèrent fidèles, parmi lesquels Paul Anxionnaz, Maurice Bertrand, Charles Hernu,

Léon Hovnanian ou Jacques Kayser. Le mendésisme politique avait vécu. Mais son influence commençait sur le socialisme.

Le temps de l'opposition

Pierre Mendès France réunit les rescapés de l'aventure réformatrice avec les membres du Centre d'études et d'action pour fonder en janvier 1959 un groupe de centre gauche, le Centre d'action démocratique. Auparavant, en juillet 1958, il avait adhéré à l'Union des forces démocratiques, hostile au retour du général de Gaulle et aux nouvelles institutions. Après son exclusion officielle du Parti radical, le 11 février 1959, pour cause de double appartenance, Pierre Mendès France sollicita son passage au Parti socialiste unifié issu de la scission de la SFIO, pour cause de guerre d'Algérie, en septembre 1958. Mal à l'aise dans une formation qu'il jugeait trop révolutionnaire, il espérait néanmoins faire évoluer le socialisme majoritaire vers plus de réalisme et de réformisme. Contrairement au Parti radical de 1956, le PSU n'était pas une organisation mendésiste, même si de nombreux militants admiraient individuellement Mendès France. Mais son hostilité au général de Gaulle et aux institutions de la Ve République, sa méfiance pour le socialisme militant (au profit d'un humanisme jaurésien), sa répugnance à devenir un chef de courant le marginalisèrent au sein du processus de réunification des organisations socialistes, d'une part, et dans l'émergence du mouvement de la « deuxième gauche », de l'autre.

En mars 1967, la victoire à la députation de Grenoble, ville dirigée par le mendésiste Hubert Dubedout, ne put être totalement considérée comme un retour en grâce du mendésisme politique, d'autant que Pierre Mendès France échoua à se présenter comme une alternative crédible pendant la crise de Mai 68. Il s'était pourtant préparé avec ses troupes au grand rendez-vous avec la jeunesse, ne cessant par exemple d'appeler à la démocratisation de l'enseignement et à la fin des privilèges de classes qui étouffaient la société française. Mai 68 fut à la fois le moment d'apogée du rayonnement de Pierre Mendès France et le début d'un déclin politique qui empêchera définitivement les mendésistes de construire un grand parti de la gauche rénovée. Le 22 mai, il vota la motion de censure contre le gouvernement et le 27 mai, au stade Charléty, il affirma sa solidarité avec un mouvement contestataire dominé par les forces d'extrême gauche. Tandis que le PSU glissait vers « un gauchisme » que Pierre Mendès France jugeait « irresponsable » et qu'à l'inverse les socialistes comme les communistes critiquaient ce dernier pour sa présence à Charléty, François Mitterrand le prit de vitesse en annonçant sa candidature à une élection présidentielle rendue nécessaire par la mise en cause du pouvoir gaullien.

Si Pierre Mendès France parvint encore à mobiliser, pour sa campagne électorale de juin 1968 à Grenoble, d'importants bataillons mendésistes rajeunis pour l'occasion (Georges Kiejman ou Michel Bon en firent partie), il ne réussit pas, face à la vague conservatrice, à triompher de son adversaire gaulliste. Méfiant par ailleurs à l'égard d'une personnalisation excessive de la politique et pourtant très soucieux de son image et de son rang, Pierre Mendès France hésita toujours à la perspective de la constitution d'un vrai pôle militant de la gauche moderne. Si le mendésisme se diffusa largement dans la vie politique, les mendésistes échouèrent à exister comme une force politique. La raison en tient à la personnalité de leur leader, cultivant souvent la solitude du visionnaire incompris – « le métier de Cassandre » pour Claude Nicolet [5] –, mais

5. *Pierre Mendès France ou le Métier de Cassandre*, *op. cit.*

également à la nature même du mendésisme, plus intellectuel que politique. Pierre Mendès France défendait la pensée pour l'action, ce qui explique que les mendésistes furent nombreux parmi les élites intellectuelles réformatrices. L'aventure des *Cahiers de la République* dirigés par Nicolet ou le Colloque de Caen de 1956 sur l'enseignement et la recherche rassemblèrent ces énergies.

Un héritage à reconquérir ?

Toute la gauche ou presque se proclame mendésiste depuis la mort de Pierre Mendès France. L'hommage à l'homme a pris la dimension d'un rite national, au point que la droite, désormais, ne se prive pas non plus de revendiquer l'héritage de Pierre Mendès France. Le Premier ministre Jean-Pierre Raffarin, dont le père Jean avait appartenu au gouvernement de juin 1954, n'hésita pas à attaquer la gauche au nom de « [sa] famille politique » et de « [son] histoire politique – Pierre Mendès France et bien d'autres », déclarant à l'Assemblée nationale (le 3 décembre 2003) qu'« il y a des causes qui sont plus grandes que nous-mêmes et des combats qui méritent de dépasser les clivages partisans ».

Ces usages à fronts politiques renversés obligent à s'interroger sur la postérité exacte du mendésisme. Celle-ci associe une forme rhétorique n'impliquant pas d'agir selon les mêmes exigences, une forme républicaine impliquant d'agir au contraire en fonction d'idéaux comme la justice sociale, le service public, l'intérêt général, la volonté en politique, et une forme intellectuelle permettant une réflexion critique sur le pouvoir, la politique, l'État, la nation, la citoyenneté. Ces deux dernières formes, si elles n'appartiennent pas en propre à la gauche, contribuent fortement à la construire ou à la reconstruire. Lorsque Jean-Louis Crémieux-Brilhac s'éleva, en janvier 2004, contre la situation de la politique de la recherche en France [6], il agissait en mendésiste, non pas en raison des attaques qu'il décochait au gouvernement Raffarin (après les avoir décochées au gouvernement Jospin), non pas parce qu'il se référait à l'âge d'or du colloque de Caen, mais dans la mesure où il obligeait à penser la recherche scientifique comme une question politique qui soulève des enjeux de société, de liberté et de gouvernement. La force politique du mendésisme, ou du moins sa capacité à penser la politique et à l'inspirer, résume ici le legs principal de Pierre Mendès France, et cela vaut pour la gauche entière.

Son héritage démocratique est désormais à reconquérir. Sollicité par *Le Monde* en janvier 2007, nous avions publié une tribune qui commençait par le constat suivant : « Pierre Mendès France n'existe plus dans la mémoire de la gauche. » Ce constat abrupt est fondé, tant le silence des responsables politiques est profond. Même les anniversaires n'y font rien. Ainsi l'indifférence a-t-elle accompagné le cinquantenaire de l'expérience gouvernementale de 1954-1955, moment capital du second XXe siècle français. Pourtant il y aurait eu fort à dire. Mais la gauche n'était pas prête à entendre…

« Ceux qui veulent conjuguer l'égalité et la liberté, construire le socialisme à visage humain, doivent toujours mettre et remettre au premier plan le souci et l'exigence de la démocratie politique », écrivait Pierre Mendès France dans le dernier ouvrage publié de son vivant, véritable testament articulant la pensée de l'histoire et la compréhension de la politique [7].

6. Avec Pierre Piganiol, « Recherche, les leçons du XXe siècle », *Le Monde*, 23 janvier 2004.
7. *La vérité guidait leurs pas*, Paris, Gallimard, « Témoins », 1976, p. 15.

En concevant la République comme un combat historique et démocratique, et non comme un pouvoir à conserver loin des préoccupations de la société, l'ancien homme d'État, dont la vie « est en quelque sorte une traversée de la démocratie française au XXe siècle [8] », s'est condamné à une postérité difficile mais glorieuse. Comme Jaurès, Mendès France est la vigie de la gauche. C'est-à-dire son honneur. Mais qui en a encore conscience aujourd'hui ?

8. Cité *in* « Mendès, l'oublié de la gauche », *Le Monde*, 15 janvier 2007.

6

La deuxième gauche, ou la dissidence démocratique

Lors du congrès de Nantes du Parti socialiste, en avril 1977, Michel Rocard, ancien leader du PSU et de la deuxième gauche, choisit de distinguer et d'opposer deux cultures politiques à l'œuvre dans la gauche française. « La plus typée, qui fut longtemps dominante, est jacobine, centralisatrice, étatique, nationaliste et protectionniste. » Elle était revendiquée par une classe ouvrière qui exigeait une intervention maximale de l'État, en vertu d'un marxisme d'« exception française » (« puisque Marx prônait au contraire le dépérissement de l'État et l'autodétermination des travailleurs »). Le CERES de Jean-Pierre Chevènement représentait ainsi une nouvelle illustration de cette gauche éloignée du social et de la démocratie participative. L'autre culture, selon Rocard, était « décentralisatrice », « régionaliste », hostile aux « dominations arbitraires, celle des patrons comme celle de l'État », favorable au contraire à « l'autonomie des collectivités de base » [1]. C'était la deuxième gauche.

Mais la deuxième gauche a-t-elle un jour existé politiquement ? On ne peut qu'être frappé, à l'étude de son histoire,

1. *In* Noëlline Castagnez-Ruggiu, *Histoire des idées socialistes*, Paris, La Découverte, « Repères », 1997, p. 111.

par la situation émiettée, éclatée, des «partis» qui la composèrent, plus proches d'une nébuleuse que d'un véritable appareil capable de mobiliser des militants, de gagner des élections, de gouverner un pays. À l'exception de l'expérience réussie du gouvernement Rocard et de quelques succès électoraux plus symboliques que durables, le fait d'armes majeur de la deuxième gauche fut, à l'heure de sa naissance, le combat victorieux contre la guerre d'Algérie au nom d'une morale démocratique et d'une éthique intellectuelle qui la distinguèrent du mouvement mendésiste, incapable de franchir le seuil de la Ve République. Le succès de Michel Rocard surmontant à son arrivée à l'hôtel Matignon en mai 1988 le risque de guerre civile en Nouvelle-Calédonie pourrait indiquer, trente ans après son propre engagement contre les camps de regroupement de la guerre d'Algérie, l'autre vocation de la deuxième gauche (après sa capacité critique), celle d'un socialisme d'intervention, de résistance et de combat. Le silence des rocardiens au lendemain du 21 avril laisserait cependant penser que cette vocation est révolue, du moins sur le plan national, puisque Michel Rocard lui-même a fait désormais le pari de l'engagement européen et international.

Troisième caractéristique historique de la deuxième gauche, ses liens avec la pensée religieuse et intellectuelle la plus audacieuse. Faire son histoire, c'est ainsi découvrir la capacité des religions, dès lors qu'elles assument leur esprit de tolérance et leur sens de la solidarité, à comprendre la société et à vouloir la réformer par le dialogue et l'intelligence. Les influences catholiques qui irriguent par exemple la maison d'édition La Découverte (anciennement François Maspero) se sont mariées à une culture socialiste de liberté. Un autre exemple de la vocation intellectuelle de la deuxième gauche est donné par le parcours de l'historien du politique Pierre Rosanvallon, aujourd'hui professeur au Collège de France, hier rédacteur en chef de *CFDT aujourd'hui* et collaborateur de *Faire*, autant de lieux intellectuels et militants où il pensa les questions d'association, d'autogestion, de corps intermédiaires dans une réflexion élargie sur les rapports de l'État, de la société et de la politique. Loin d'écarter la politique, cette démarche la rendait au contraire possible en lui restituant ses fondements intellectuels et critiques, à la manière de Max Weber étudiant en 1919 « la politique comme profession-vocation ».

Comme pour le mendésisme dont elle partage bien des idées et des fidélités, la deuxième gauche survit essentiellement à travers cette vocation intellectuelle et ce pouvoir de critique politique – aujourd'hui en sommeil. Pourtant, par la nature même de la politique de gauche qui revendique les valeurs de raison, de vérité et de justice, tout effort pour penser les valeurs et le réel possède un impact politique. La vocation critique de la deuxième gauche, de ce point de vue, n'est peut-être pas morte.

L'héritage d'un socialisme humaniste et pratique

L'histoire de la deuxième gauche appartient à celle du socialisme français tout entier, qu'elle éclaire et problématise. Celui-ci s'est fracturé une première fois le 30 décembre 1920, à l'issue du congrès de Tours qui consacra la naissance d'une nouvelle gauche communiste, concurrente et bientôt ennemie de la vieille gauche jaurésienne de la IIe Internationale. Cette rupture découlait de la transformation historique créée par la révolution bolchevique d'octobre 1917 en Russie, qui bouleversa la trajectoire des socialismes européens. Dans le cas français, l'avènement du communisme parut faire rejouer un vieux clivage qui avait opposé, avant le XXe siècle et la naissance du Parti socialiste unifié (SFIO) de 1905, les conceptions de Jules Guesde à celles de Jean Jaurès. Dans le détail, les reclassements furent plus complexes et moins prévisibles. Néanmoins s'exprima bel et bien une opposition classique entre un socialisme fermé et doctrinaire et un socialisme plus ouvert et réformiste. Ce clivage se poursuivit au sein même de la « vieille maison », la SFIO restée orpheline après sa rupture avec le nouveau Parti communiste SFIC.

Cependant, l'ascendant croissant de Léon Blum, parfait héritier de Jaurès, sur un Parti socialiste vidé d'une partie de ses forces vives assura la permanence d'un humanisme politique et moral. Celui-ci trouva ses limites avec l'expérience du Front populaire, mais il sut renaître dans la Résistance et porter des idéaux socialistes renouvelés à l'aube de la Libération. L'espoir changea de camp avec la victoire de Guy Mollet sur l'héritier de Léon Blum, Daniel Mayer. Le parti se raidit, la doctrine se referma. Au début des années 1950, une active minorité oppositionnelle se développa, d'abord clandestinement chez les étudiants socialistes, puis ouvertement dans de nombreuses sphères dirigeantes ou militantes jusqu'à la scission du congrès d'Issy-les-Moulineaux en septembre 1958 et à la création du Parti socialiste SFIO autonome.

Cette seconde rupture intervenue au sein du socialisme décida de l'avènement de la deuxième gauche. Mais elle ne se limita pas au seul PSA devenu Parti socialiste unifié en avril 1960 par fusion avec Tribune du communisme et l'Union de la gauche socialiste. Les rares succès électoraux de la nouvelle formation et son impossibilité à exister durablement en face du socialisme institutionnel de la SFIO finissante et du parti d'Épinay-sur-Seine (1971) en feraient même un objet secondaire, s'il n'y avait eu d'autres engagements, aussi novateurs sinon plus que l'aventure politique, conduits dans d'autres mondes, religieux, intellectuels, syndicaux. C'est l'ensemble de ces expériences qui forgèrent la deuxième gauche, en firent son prix pour ses nombreux militants, et l'inscrivirent durablement dans l'horizon du socialisme et de la démocratie. Elle devint une référence, positive – « nouvelle gauche » – ou négative – « petite gauche », « gauche américaine », « social-technocratie ». Elle s'institutionnalisa au PSA puis au PSU, fut présente dans de vastes rencontres comme les Assises pour le socialisme de 1974, développa des courants au sein du Parti socialiste de 1971, s'incarna dans le réformisme syndical de la CFDT, suscita de nouvelles organisations aux frontières du socialisme et du libéralisme comme la Fondation Saint-Simon... Les formes et contenus de la deuxième gauche évoluèrent et varièrent certes considérablement dans le temps et selon ses animateurs, mais une unité de ton ou d'atmosphère ainsi qu'une conception éthique du politique lui ont donné sa cohérence.

L'épreuve du pouvoir à partir de 1981 fut aussi décisive pour la deuxième gauche que pour le socialisme institutionnel. Celui-ci adhéra à l'économie de marché, au concept de société, à la vision libérale de la représentation politique. À mesure que la gauche socialiste, voire communiste (avec l'évolution de la CGT notamment), adoptait les principales valeurs de la deuxième gauche, celle-ci triomphait mais disparaissait en même temps. Pleinement reconnue par une première gauche soucieuse de modernité, elle pourrait s'estimer victorieuse. En réalité, elle a perdu ce qui faisait son identité sans donner pour autant au Parti socialiste de François Mitterrand et de Lionel Jospin les moyens de sa refondation. Les hésitations de l'ancien candidat à l'élection présidentielle de

2002, oscillant du dogmatisme le plus rigide au libéralisme le moins socialiste, ont égaré les fondements de la gauche sans offrir en échange la promesse d'une véritable alternative politique. La gauche, socialiste ou communiste, en est réduite à naviguer à vue, au gré des sujets et des alliances, sans projets ni valeurs. L'échec de la première gauche est aussi celle de la « deuxième » au point qu'une « troisième », ou plutôt des « troisièmes gauches » se déclarent un peu partout, vers les sensibilités sociales-libérales, dans les courants écologistes, du côté des mouvements altermondialistes, au sein des recompositions trotskistes.

Préhistoire d'une gauche dissidente

Née en 1958 de la lutte contre la guerre d'Algérie et du refus de la politique algérienne de la SFIO, la deuxième gauche a su profiter d'inspirations venues des associations chrétiennes d'avant guerre et des impulsions fournies sous la IVe République par la CFTC et sa tendance Reconstruction, puis par les multiples groupes militants fédérés en 1957 dans l'Union de la gauche socialiste (UGS). Le catholicisme libéral est la première des matrices de la deuxième gauche. Il est né du ralliement à la République et des enseignements « révolutionnaires » du pape Léon XIII (encyclique *Rerum novarum*, 1891), mais plus encore de l'affaire Dreyfus et de la constitution d'un pôle catholique dreyfusard. Même si les dreyfusards ne peuvent se résumer à une simple opposition de gauche, il n'en demeure pas moins que l'engagement des chrétiens dans l'Affaire installa une nouvelle composante politique. La mobilisation des protestants contre le nationalisme et l'antisémitisme rejoignit le travail du Comité catholique pour la défense du droit créé par Paul Viollet le 16 février 1899. La Déclaration de principes rédigée pour ce dernier établissait les bases d'une politique moderne, laïque et démocratique, fondée sur l'autonomie de la personne et le devoir de solidarité. « N'ayant qu'un but : la défense du droit et des libertés publiques par la recherche de la vérité », écrivaient Paul Viollet et ses proches, [le Comité] « recommande à ses amis l'effort personnel qui conduit au développement de l'esprit critique, la lutte contre l'équivoque et le mensonge de quelque nom qu'ils se parent, le respect des personnes et la sincérité dans la discussion. »

Cette position éminemment morale et intellectuelle récusait toute politique partisane, y compris chez les dreyfusards. Paul Viollet se sépara de la Ligue des droits de l'homme qui n'allait pas assez loin dans la défense du citoyen lorsque celui-ci était aussi un homme d'Église. Mais il fut à l'inverse, avec les abbés Pichot et Lemire, l'économiste protestant Charles Gide et les socialistes Ernest Tarbouriech et Félicien Challaye, l'un des promoteurs du Comité de protection et de défense des indigènes. Cette attention portée aux colonisés, dont les droits étaient violés dans l'espace d'une République se proclamant pourtant universelle et civilisatrice, définit un courant de la gauche qui s'affirma définitivement dans son combat contre la guerre d'Algérie, synonyme d'oppression colonialiste et d'arbitraire politique. Les valeurs forgées dans ces sphères chrétiennes démocrates et sociales du premier XXe siècle devaient conduire les précurseurs de la deuxième gauche à s'opposer fortement à une gauche victorieuse après la formation du gouvernement d'Émile Combes. La critique de Charles Péguy ou celle de Daniel Halévy à l'égard d'un dreyfusisme « en décomposition » installa le second terme de cet héritage, celui d'une surveillance de la gauche institutionnelle au nom des idéaux qu'elle faisait siens et qu'elle oubliait dès son accession au pouvoir.

De cette révolution chrétienne ne survit, comme parti politique et intellectuel, que le Sillon, lui aussi créé en 1899. Pour son fondateur, Marc Sangnier, le défi consistait à mettre les forces vives du catholicisme au service de la démocratie considérée comme une « organisation sociale qui tend à porter au maximum la conscience et la responsabilité civiques de chacun » (1905). Lorsque le Sillon fut condamné en 1910 par Pie X pour avoir voulu passer de la « mystique » à la « politique » en promouvant un projet démocratique, Marc Sangnier réagit aussitôt en créant le quotidien *La Démocratie*, puis, deux ans plus tard, la Ligue de la Jeune République, pour « une République plus démocratique, plus hardiment réformatrice ». D'une certaine manière, le mouvement clarifia son projet : d'un côté les Sillons diocésains sous le contrôle des évêques, de l'autre l'action politique. Celle-ci puisait dans les tendances résolument « de gauche » et « avancées » de la démocratie chrétienne et du catholicisme social, accentuant une séparation qui se faisait jour entre cette deuxième gauche et les démocrates chrétiens plus modérés, socle futur de la droite centriste.

Le rapprochement de la Jeune République avec la Ligue nationale de la démocratie, opéré en 1920, fut de courte durée. La naissance du Parti démocrate populaire en 1924 officialisa cette séparation de la démocratie chrétienne selon un clivage gauche-droite. Marc Sangnier et la Jeune République pouvaient alors exprimer pleinement leurs choix, notamment en faveur d'une nouvelle politique internationale fondée sur la réconciliation franco-allemande, l'organisation de grands congrès pour la paix (Bierville, 1926) et la multiplication de « conférences démocratiques ». Ces dernières initiatives touchèrent la jeunesse à laquelle s'intéressa particulièrement le mouvement, très proche dans sa base sociale de la Jeunesse ouvrière chrétienne (JOC) et de la Jeunesse étudiante chrétienne (JEC) apparues dans les années 1920. La JEC, fondée en juillet 1929 par le trio des normaliens Paul Vignaux, Louis Chaudron et Henri-Irénée Marrou, connut une croissance rapide dans les années 1930 avant de participer à la mobilisation de la jeunesse catholique contre le nazisme avec son *alter ego* féminin (JECF). La résistance à l'Occupation et à la Collaboration définit l'attitude de cette gauche chrétienne que ne reconnaissait guère la gauche socialiste. Elle s'avéra pourtant ferme sur les principes démocratiques autant que patriotiques. La Jeune République, dont les quatre députés présents le 10 juillet 1940 avaient refusé les pleins pouvoirs au maréchal Pétain, dirigea ses troupes vers les mouvements Combat, Franc-Tireur, Libération ou Résistance. La création de *Témoignage chrétien* par André Mandouze et le père Chaillet vint soutenir cette composante de la résistance fermement ancrée à gauche.

Les nébuleuses de la IVe République

À la Libération, l'éventualité d'une fusion de la Jeune République avec les démocrates chrétiens se reposa à nouveau, cette fois dans le cadre du Mouvement républicain populaire lancé en novembre 1944. Marc Sangnier en avait accepté la présidence d'honneur parce qu'il voyait dans le nouveau parti l'aboutissement d'un demi-siècle de combat. Une majorité de militants s'opposa pourtant et opta au contraire pour une alliance avec l'UDSR de François Mitterrand et la SFIO de Léon Blum. Ce rapprochement ne dura pas. Dès 1947, la Jeune République, déjà extérieure au tripartisme, affirma son indépendance. Elle représenta une gauche démocratique, intellectuelle et dissidente qui soutint Pierre Mendès France en 1954, mais refusa la fusion avec le PSA. La formation dans laquelle militèrent Léo Hamon et Jacques Delors prouva bien sa vocation de laboratoire réformiste de la gauche, à l'instar d'autres expériences ou d'autres mouvements.

Fondée le 2 novembre 1919, la Confédération française des travailleurs chrétiens avait évolué grâce à la Résistance vers un syndicalisme engagé, soucieux de démocratie économique et sociale. Mais la concurrence communiste freina les progrès de la CFTC. À la tête du groupe minoritaire Reconstruction, Paul Vignaux chercha à déconfessionnaliser le syndicat catholique afin de rassembler les travailleurs non communistes. Eugène Descamps défendit même une évolution vers le socialisme. Le travail des minoritaires permit à la CFTC, qui avait déjà accepté l'économie dirigée en 1944, de reconnaître en 1953 le rôle de l'État dans le progrès social. En 1959, la confédération adopta même la notion de « planification économique », proche d'un socialisme humaniste qui consacra le succès des minoritaires. Eugène Descamps devint secrétaire général de la CFTC au congrès de 1961.

La gauche chrétienne, politique ou syndicale, n'était pas la seule à vouloir exister entre le Parti communiste et la SFIO. Au début des années 1950, un courant se constitua, rassemblant des socialistes de gauche, des néo-communistes, des chrétiens engagés, des trotskistes, des humanistes, venus pour certains du défunt Rassemblement démocratique révolutionnaire (RDR). Se désignant à partir de 1954 sous l'expression de « nouvelles gauches » (pour se distinguer de la « gauche nouvelle » inventée au même moment par Jean-Jacques Servan-Schreiber), il reposa essentiellement sur quelques grandes personnalités militantes et intellectuelles comme Claude Bourdet, minoritaire catholique de gauche, journaliste, résistant, ancien du Mouvement pour les États-Unis socialistes d'Europe et du RDR, et Gilles Martinet, ancien communiste et ancien socialiste, journaliste et résistant lui aussi, devenu anticolonialiste et antitotalitaire. Avec Roger Stéphane, les deux hommes fondent *L'Observateur* en 1950, creuset autant que porte-parole pour des « nouvelles gauches » très émiettées.

Parallèlement à la transformation de *L'Observateur* en *France-Observateur*, des tentatives d'organisation furent menées pour structurer cette nébuleuse de courants diverses. L'Union progressiste réunit le Parti socialiste unitaire de Martinet, l'Union républicaine et résistante de D'Astier de la Vigerie, l'Union des chrétiens progressistes de Mandouze, des radicaux progressistes. Une seconde formation, le Cartel des gauches indépendantes, rassembla quant à elle d'anciens RDR, des ex-MRP ou SFIO, des Jeunes Républicains, des journalistes de *Combat* ou de *Franc-Tireur*. L'ensemble fut estimé entre 10 000 et 15 000 militants. Il profita du soutien de la Jeune République et de nombreux journaux et revues, depuis *Le Monde* d'Hubert Beuve-Méry jusqu'à *L'Express* en passant par *Esprit*, *Témoignage chrétien*, *La Nef*, *Les Temps modernes*, etc. Pour autant, les électeurs ne furent guère au rendez-vous.

Sous l'impulsion du mendésisme, les nouvelles gauches trouvèrent un contexte favorable à leur développement. En mai 1954, un Comité de liaison fut institué, préalable à la fondation en 1955 du Parti des nouvelles gauches qui s'étendait aux minoritaires de la CFTC et de la CGT, aux étudiants de l'UNEF, et à de nombreux mendésistes. En décembre 1957, cette base élargie se transforma en Union de la gauche socialiste. Abandonnant un marxisme déjà très contesté, les nouvelles gauches se rapprochèrent des thèses de Pierre Mendès France sur le socialisme moderne et s'ouvrirent à la pensée des minoritaires de la SFIO comme André Philip ou Alain Savary, eux-mêmes très liés à Pierre Mendès France. *France-Observateur*, par son rôle de tribune, confronta ces réflexions et fédéra ces courants. Le dynamisme des nouvelles gauches encouragea les minoritaires socialistes à franchir le pas de la scission en septembre 1958. Mais les conséquences de la création du Parti socialiste SFIO autonome furent aussi très importantes pour les nouvelles gauches. L'UGS se rapprocha du PSA, entraînant dans le mouvement les Comités d'action socialiste de Viénot et la Tribune du communisme de Jean Poperen et Serge Mallet. La convergence s'amplifia dans la perspective des élections législatives de 1958. La création de l'union des forces démocratiques permit de réunir toutes ces formations, PSA, UGS, Jeune République, et jusqu'aux dissidents de l'UDSR. L'adhésion commune à un socialisme réformiste avait favorisé cette évolution que la nouvelle donne gaulliste et surtout le défi de la guerre d'Algérie rendaient désormais nécessaire.

Cette dynamique d'unité fut cependant contrecarrée par la multiplicité des groupes qui participaient de la nébuleuse réformatrice, par leurs pratiques de forte autonomie et leurs tendances aux recompositions permanentes, voire à l'atomisation pure et simple, et par des clivages de fait entre une deuxième gauche modérée et une deuxième gauche plus radicale et plus idéologique qui ne se retrouvaient pas facilement, sauf dans des crises comme la guerre d'Algérie.

L'idéal des étudiants socialistes

Dans les rapprochements multiples qui permirent néanmoins de construire, entre un communisme doctrinaire et un socialisme autoritaire, une nouvelle gauche, les étudiants de la SFIO jouèrent un rôle non négligeable. Après la dissolution par Guy Mollet des Jeunesses socialistes pour cause d'outrage à l'autorité de Paul Ramadier lors des cérémonies du 1er mai 1947, les organisations de jeunesse de la SFIO furent scindées entre travailleurs d'un côté, étudiants de l'autre. Ceux-ci se montrèrent particulièrement indépendants, encouragés en cela par des responsables socialistes comme Gérard Bélorgey, Jacques Boetsch, Georges Brutelle ou Alain Savary. Dès le tournant des années 1950, les étudiants socialistes passent à l'anticolonialisme, d'abord dans le cadre de congrès internationaux ou de colloques tiers-mondistes, puis au contact de la guerre d'Algérie, avec une opposition de plus en plus ouverte à Guy Mollet. Les étudiants socialistes SFIO avaient réussi à créer à l'intérieur du parti un espace de politisation qui se retrouvait aussi à l'extérieur, par exemple au Centre d'action de la gauche indépendante, considéré comme le lointain ancêtre du PSU. L'anticolonialisme mais aussi l'antistalinisme caractérisaient cette jeunesse étudiante multipliant les expériences politiques aussi bien que syndicales. Michel Rocard, qui accède en 1953 au secrétariat général des étudiants socialistes, engage le combat avec la majorité conservatrice de l'UNEF dominée par les bataillons de la Corpo de droit de Jean-Marie Le Pen. L'objectif consistait à donner au principal syndicat étudiant « une direction qui fût de gauche sans être communiste. Ce combat fut gagné en 1956, par un conglomérat dans lequel se trouvèrent les socialistes, mais aussi, et beaucoup plus nombreux, des éléments de la Jeunesse étudiante chrétienne (la JEC), ce qui inscrivit à notre passif la suspicion des dirigeants de la SFIO, mais à notre actif des liens tissés avec un monde très dynamique où nous aurions l'occasion de rencontrer les futurs dirigeants de la CFDT (alors la CFTC), aussi bien que ceux de la FNSEA (qui militaient dans la Jeunesse agricole chrétienne, la JAC) ».

« La leçon de cette bataille gagnée mérite toujours d'être méditée, ajouta Michel Rocard : dès l'instant qu'une force de gauche a des convictions communes assez fortes pour ne devoir son identité qu'à elle-même, et assez de puissance pour entraîner dans son sillage la mouvance communiste sans en dépendre, elle peut gagner et se révéler efficace et rayonnante[2]. » La passion syndicale des étudiants socialistes découlait de leur volonté d'action politique. Comme celle-ci leur était interdite par la direction de Guy Mollet, ils se rabattaient sur l'action syndicale (à l'UNEF) ou internationale (avec l'Internationale socialiste). Du côté des communistes, les contacts avec les responsables étudiants n'étaient pas rares, mais ils demeuraient confidentiels. Le plus important cependant fut le rapprochement qui s'opéra avec une gauche chrétienne elle-même indépendante et non conformiste.

La figure de Mendès France et l'aura du mendésisme jouèrent un rôle non négligeable dans l'affirmation des convictions et des volontés. Certains des leaders de la minorité socialiste au sein de la SFIO comptaient parmi les proches de l'ancien président du Conseil, dont Alain Savary. La deuxième gauche, y compris dans les années où elle émergeait, garda cependant une distance avec Pierre Mendès France. Les raisons en sont multiples. Même si beaucoup se joua à l'extérieur de la SFIO, la deuxième gauche fut d'abord un socialisme critique, quand le mendésisme regardait du côté d'un radicalisme rénové. La question générationnelle eut aussi un rôle déterminant. Les futurs militants de la deuxième gauche avaient vingt ans en 1954. Lorsqu'ils arrivèrent à l'âge des responsabilités, le mendésisme n'existait plus comme alternative politique, à la différence de la deuxième gauche, elle bien présente et qui revendiquait à gauche la modernité et l'avenir. Enfin, l'attitude de Pierre

2. Michel Rocard, *Le Cœur à l'ouvrage*, Paris, Odile Jacob, 1987, p. 23-24.

Mendès France au début de la guerre d'Algérie, son hostilité au général de Gaulle et aux institutions de la Ve République, son décalage avec la pensée antitotalitaire qui dépassait le simple couple antifascisme / anticommunisme creusèrent l'écart entre l'offre mendésiste et le projet de la deuxième gauche. Pour autant, nombre de ses militants reconnaissaient en privé et en public l'influence déterminante de Pierre Mendès France sur leur formation politique et leur volonté d'engagement. Pour Jacques Julliard comme pour Michel Rocard, celui-ci incarnait bien le premier moment d'une refondation démocratique de la gauche qui allait trouver sa raison d'être dans l'engagement contre la guerre d'Algérie.

Le refus de la guerre d'Algérie

Si la décolonisation en Indochine scella le destin politique du mendésisme, la lutte contre la guerre d'Algérie constitua l'événement fondateur de la deuxième gauche. Elle représenta une expérience commune qui sut exprimer et rassembler les attentes des nombreux courants de la gauche dissidente. Le fait que ce combat venait après des années de dénonciation du colonialisme, le fait qu'il défendait les idéaux démocratiques les plus proches de la Résistance ou de l'affaire Dreyfus, le fait qu'il mettait en cause une gauche socialiste, communiste et radicale dominée par le nationalisme et la raison d'État, tout concourait à ce que cette deuxième gauche en gestation forge son unité ou du moins son identité.

Les premières protestations furent l'œuvre de personnalités certes individuelles, mais très représentatives des différents courants, qui convergèrent en 1958. Claude Bourdet fut l'un des premiers à dénoncer l'utilisation de la torture par l'armée française, comme André Mandouze de *Témoignage chrétien* ou Henri-Irénée Marrou, par ailleurs militant de la minorité de gauche de la CFTC, qui signa dans *Le Monde* une retentissante tribune, « France, ma patrie ». Mais le caractère décisif de cette lutte s'imposa lorsque Guy Mollet et son gouvernement optèrent pour la guerre à outrance.

En janvier 1957, des minoritaires de la SFIO, tels Oreste Rosenfeld, Robert Blum ou André Seurat, rapidement rejoints par le juriste André Hauriou et l'historien Ernest Labrousse, créèrent le Comité d'études et d'action pour la paix en Algérie. Leur objectif visait à s'opposer comme socialistes à la guerre. Rapidement, le Comité devint la structure d'organisation de la minorité. Alain Savary, Michel Rocard, Albert Gazier s'y investirent. Un rapport signé d'Henri Frenay, mais rédigé par Michel Rocard, fut présenté au printemps à la VIe section socialiste de Paris en vue d'agir sur le congrès fédéral de la Seine qui devait préparer le congrès national de Toulouse. Constatant que « la gauche française est pratiquement décapitée par l'impuissance [du] parti » et que « la protestation que la gauche se devait d'exprimer est reprise à la fois par des radicaux et des catholiques, remplaçant le parti de Jaurès défaillant », les deux socialistes proposaient l'indépendance de l'Algérie et la fin immédiate des opérations pour « une solution pacifique du problème algérien ».

La dénonciation de la répression se voulait radicale, au point que le rédacteur alla jusqu'à évoquer, par deux fois, le spectre d'un « génocide », terme qu'on n'aurait pas imaginé pouvoir trouver sous une signature socialiste, fût-elle celle d'Henri Frenay : « Il est évident que les forces militaires en présence en Algérie ne peuvent plus être augmentées, comme il est évident que leurs méthodes ne sauraient gagner en "efficacité" et en "rigueur" qu'à condition de pratiquer délibérément le génocide. [...] Pour certains clans actuellement influents, la seule solution est la répression à tout prix, fût-ce le génocide délibéré[3]. » Sans doute Rocard et Frenay pensaient-ils d'abord au risque de voir se reproduire de monstrueuses tueries, comme celle de Sétif en mai 1945, qu'ils citaient en rappelant le chiffre de 50 000 morts, d'autant qu'ils n'évoquaient jamais les camps de regroupement, silence confirmant la totale ignorance sur ce point de l'opinion, même éclairée, à cette époque ; mais on ne s'étonnerait pas à lire ces lignes que, dix-huit mois plus tard à Alger, le spectre du génocide ait pu revenir hanter Michel Rocard devant la mort déjà advenue de dizaines de milliers d'enfants dans ces camps, par malnutrition, et la menace pesant sur des centaines de milliers d'autres.

Le texte était aussi net sur la responsabilité du parti quant à la torture : « L'Algérie vit sous un régime d'illégalités et d'exactions quasi généralisé. Nous ne citerons aucun des témoignages accablants qui ont été rendus publics sur les tortures. Mais nous ne pouvons passer sous silence le caractère déshonorant du rapport de la commission parlementaire signé entre autres par le Trésorier du Parti. » Pour Frenay-Rocard, et c'était essentiel, les responsabilités de la situation n'incombaient pas à l'Armée, mais « au pouvoir politique qui, en fait, a abdiqué entre ses mains ». Les propositions étaient aussi claires que le constat : la première consistait à « reconnaître l'existence d'une République algérienne » pour donner « satisfaction à la revendication fondamentale de la majorité des musulmans ». La proposition suivante, de lier la République française et la République algérienne par « des liens de caractère fédéral », n'atténuait en rien l'affirmation primordiale de l'indépendance

3. Michel Rocard, *Rapport sur les camps de regroupement et autres textes sur la guerre d'Algérie*, Paris, Mille et une nuits, 2003, p. 56 et 73.

de l'Algérie. On notait enfin le souci de désigner le FLN comme premier interlocuteur mais non comme le seul.

L'engagement de Michel Rocard

Alors que le processus menant à la scission des minoritaires s'accéléra pendant l'été 1958, Michel Rocard était envoyé en Algérie comme jeune inspecteur des finances après sa sortie de l'ENA. Aidé de quelques hauts fonctionnaires et d'un ancien dirigeant des étudiants socialistes, il enquêta sur les regroupements opérés par l'armée française sur les populations musulmanes et les conditions de vie dans les camps, responsables d'une mortalité effrayante. « Rien, dans la guerre d'Algérie, n'est aussi important que le problème des regroupements. Rien aussi n'a été plus tardivement et plus mal connu de l'opinion française [4] » : sous la signature de Pierre Vidal-Naquet et du Comité Maurice-Audin, cette affirmation avait en 1962 un poids considérable, qu'elle conserve aujourd'hui. Deux ans plus tard, Pierre Bourdieu, qui séjourna en Algérie de 1955 à 1960, année où il mena avec Abdelmalek Sayad une enquête sociologique dans les camps de regroupement de Kabylie, ouvrait le livre qui en résulte, *Le Déracinement*, par cette confirmation : « De tous les bouleversements que la société rurale a subis entre 1955 et 1962, ceux qui ont été déterminés par les regroupements de populations sont sans aucun doute les plus profonds et les plus chargés de conséquences à long terme [5]. » Pourtant, si, à l'automne 2000, les accusations de Louisette Ighilahriz (*Le Monde*, 20 juin), les « regrets » du général Massu

4. Pierre Vidal-Naquet, *La Raison d'État*, Paris, Minuit, 1962, p. 204.
5. Pierre Bourdieu, *Le Déracinement*, Paris, Minuit, 1964, p. 11. Voir aussi, du même, *Esquisses algériennes*, Paris, Seuil, « Liber », 2008.

puis les aveux cyniques du général Aussaresses, confirmés et amplifiés par la publication de son livre [6], établirent définitivement dans l'opinion publique la réalité si longtemps niée officiellement de la torture et des exécutions sommaires, la question des camps de regroupement, totalement ignorée à l'époque de l'opinion métropolitaine, n'a toujours pas reçu l'attention qu'elle mérite.

Achevé en février 1959, le rapport officieux de Michel Rocard était remis à Paul Delouvrier, délégué général en Algérie. L'auteur en fit parvenir un au général de Gaulle à l'Élysée et un autre au ministre de la Justice, Edmond Michelet. Deux membres du cabinet de celui-ci, dont Joseph Rovan, ancien déporté, militant chrétien proche d'*Esprit*, confièrent le rapport au *Monde* et à *France-Observateur* qui en publièrent aussitôt de larges extraits les 16 et 18 avril. Le scandale fut immédiat. Même si le nom de Michel Rocard n'était pas encore rendu public, nombreux furent ceux qui, au PSA, au Club Jean Moulin, n'ignoraient pas l'identité de son auteur.

L'impact de la guerre d'Algérie fut essentiel pour l'avènement de la deuxième gauche. Elle révéla d'abord l'archaïsme de la gauche socialiste, communiste et radicale qui ne voulait pas comprendre le suicide politique et moral auquel menait le choix de la répression. Le refus de la guerre permettait aussi de rapprocher dans un même combat des courants de gauche apparemment très dissemblables, mais que finirent par unir des valeurs communes révélées dans l'engagement. Elle démontrait enfin la nécessité d'un socialisme dégagé des illusions du marxisme et du nationalisme, ancré dans un réformisme social et intellectuel, décidé à mettre en

6. Paul Aussaresses, *Services spéciaux, Algérie 1955-1957*, Paris, Perrin, 2001.

pratique l'exigence démocratique de la gauche. Cette importance de la guerre d'Algérie expliqua pourquoi la deuxième gauche ne considérait pas le retour du général de Gaulle et la transformation des institutions avec la même hostilité que les mendésistes. La séparation des courants de la gauche démocratique se réalisa sur ce double enjeu, de la Vᵉ République et de la guerre d'Algérie. Pour autant, leur vision du socialisme demeurait très proche.

Une dynamique partitaire
De la rupture à la naissance du PSA

Au début de l'année 1958, la détermination des minoritaires de la SFIO augmenta encore. Ceux-ci étaient soutenus à l'extérieur du parti par les nouvelles gauches, par la vieille gauche blumiste, et par tous les courants chrétiens et laïques mobilisés contre la guerre et la torture. À l'intérieur du parti, les mises en demeure se multiplièrent. Alors que la direction des étudiants socialistes avait été suspendue le 22 octobre 1957, Michel Rocard, Serge Hurtig, Alain Badiou ou le futur anthropologue Emmanuel Terray s'engagèrent à démissionner du parti, dans une lettre adressée le 3 juin 1958 aux responsables du Comité d'études et à des élus socialistes parmi les plus engagés dans le combat minoritaire (Raymond Badiou, Édouard Depreux, Daniel Mayer, ou Robert Verdier). Ce qui était en cause était aussi bien la politique algérienne qu'avait menée le gouvernement de Guy Mollet que la dictature interne qu'il continuait d'imposer à la SFIO. Le texte de la lettre constitue un de ces moments rares mais décisifs dans la prise de conscience par des socialistes français de l'urgence de l'histoire. Adressée aux principaux responsables de la minorité, elle émanait des « rares représentants d'une génération qui refuse le plus souvent son adhésion au Parti, celle des moins de quarante ans». Leurs auteurs déclaraient leur farouche opposition à «la politique du "tout ou rien" et les attitudes démagogiques ou irresponsables». Ils poursuivaient:

> Nous avons appris l'inertie du réel et notamment du Parti, nous savons les limitations décisives que nous impose un appareil devenu totalitaire. [...] Il nous semble que les circonstances exigeaient des accents d'une autre taille et d'une autre source pour affirmer encore la voix du socialisme démocratique.

Les jeunes signataires de la lettre appelaient la SFIO à s'orienter «résolument dans la voie d'une politique de gauche digne de ce nom» et soumettaient un ensemble de propositions, dont une «prise de contacts avec toutes les organisations de gauche non communistes en vue d'examiner les conditions d'un large regroupement [7]» et l'«expression publique et solennelle de notre refus de la politique menée au nom du socialisme par Mollet et son équipe depuis le 6 février 1956». Faute de quoi, la SFIO n'aurait plus «les moyens de redevenir le grand parti de gauche que nous appelons» et une démission collective s'ensuivrait». «Nous sommes assez jeunes pour rester encore responsables de notre avenir», écrivaient-ils en conclusion [8].

La scission était lancée. La participation de Guy Mollet au gouvernement du général de Gaulle et son ralliement aux nouvelles institutions jugées menaçantes pour la démocratie

7. Ce regroupement prendra forme quelques jours plus tard avec la constitution de l'Union des forces démocratiques (UFD), à l'initiative de Daniel Mayer et des dirigeants de la FEN.

8. Cité *in* Michel Rocard, *Rapport sur les camps de regroupement*, *op. cit.*, p. 95-102.

précipitèrent la rupture. Elle aboutit le 8 septembre 1958 lors du congrès annuel de la SFIO. L'essentiel des minoritaires la quitta et créa le Parti socialiste SFIO autonome. Alain Savary, Édouard Depreux, Robert Verdier, Pierre Bérégovoy, André Philip et Michel Rocard en furent les principaux animateurs. Stratégiquement, les dirigeants du PSA exploitèrent la veine antigaulliste pour accélérer l'unification des gauches dissidentes, ce qui n'empêcha pas certains d'entre eux, comme Michel Rocard, de militer au Club Jean Moulin, qui était passé d'une résistance au général de Gaulle à un soutien critique.

Durant l'été 1959, des pourparlers furent organisés entre les différentes composantes de l'Union des forces démocratiques, une formation issue des ententes qui avaient été nouées pour les élections législatives de 1956 entre les mendésistes, la Jeune République et le Parti des nouvelles gauches (ex-Comité de liaison), et étendue en décembre 1957 aux communistes dissidents, aux trotskistes, aux radicaux, aux chrétiens progressistes, etc. Au sein de ces « nouvelles gauches » ou gauches dissidentes, « les spécificités idéologiques résistent, mais l'unification est fondée sur une relecture réformatrice et “réaliste” du socialisme de gauche, avec l'espoir de bâtir un parti de “troisième voie” capable de proposer une réforme socialiste du capitalisme » [9].

9. Cf. Philippe Têtard, in *Dictionnaire historique de la vie politique française au XXᵉ siècle*, Paris, PUF, 1995, p. 1037-1040.

Le PSU. Un « antiparti » ou la politique recréée ?

Cette volonté des « nouvelles gauches » d'adapter le socialisme rencontre le projet des minoritaires de la SFIO en rupture de ban. Le Parti socialiste unifié naquit le 3 avril 1960, sur la base d'un vaste regroupement politique, intellectuel et militant.

Plus encore que du PSA, la jeune formation reposait sur la fusion de forces dissidentes venues des trois grands partis de la gauche, des socialistes avec Claude Bourdet, Gilles Martinet, des communistes avec Jean Poperen, et des radicaux dont le plus emblématique fut Pierre Mendès France en rupture de parti. Une forte base syndicale et intellectuelle complétait les soutiens du PSU, des militants de la Confédération générale des travailleurs chrétiens (CFTC), de l'Union nationale des associations générales d'étudiants de France (UNEF) et de la Fédération de l'éducation nationale (FEN), d'une part, des membres du Club Jean Moulin ou du *Nouvel Observateur*, de l'autre, avec de puissants relais dans les revues.

La guerre d'Algérie servit d'événement mobilisateur et unificateur. Avec ses 15 000 militants, le PSU fut un lieu essentiel d'opposition à la guerre et à l'OAS. Mais, lorsque le danger disparut après les accords d'Évian, des divergences profondes se firent jour. Elles séparèrent le groupe Bourdet-Poperen-Bridier, doctrinaire, favorable à l'autonomie du parti, du groupe Rocard-Heurgon-Martinet, plus pragmatique sur le gaullisme et décidé à réussir l'unité, au sein du parti mais aussi à l'extérieur, en direction d'un socialisme institutionnel qui n'était plus que l'ombre de lui-même. Le PSU trouva cependant son unité dans sa capacité à se saisir des questions économiques, sociales et politiques, qui traversaient une France en pleine expansion mais privée de véritables alternatives au gaullisme. L'influence du parti était bien supérieure à sa capacité militante. La deuxième gauche fut un laboratoire pour la gauche tout entière, et même au-delà.

Mais cette dynamique ne fit pas nécessairement un nouveau parti. Ce fut même, pour reprendre l'expression de Pierre Rosanvallon [10], un « antiparti » dominé par de nombreuses tensions internes. Alors que se profilaient les événements de Mai 68, les tensions redoublèrent sur la question de l'autonomie ou de l'alliance avec la Fédération de la gauche démocrate et socialiste (FGDS) et la Convention des institutions républicaines de François Mitterrand. Le congrès de 1967, qui se révéla finalement favorable aux autonomistes, accentua le clivage entre les deux courants.

Les stratégies d'action électorale divisaient ainsi le PSU. Le problème de l'alliance avec la gauche institutionnelle se posait à chaque élection. Le parti décida en 1963 de ne pas soutenir Gaston Defferre, et s'engagea finalement, non sans hésitations, en faveur de François Mitterrand lors de l'élection présidentielle de 1965. En 1967, Pierre Mendès France fut l'un des quatre députés élus sous les couleurs du PSU, mais avec le soutien de la FGDS. Le congrès qui suivit entraîna une grave rupture qui suscita des départs vers le futur Parti socialiste. Officiellement créé au congrès d'Alfortville du 4 mai 1969 sous le nom de « nouveau Parti socialiste », pris en main par François Mitterrand au congrès d'Épinay-sur-Seine en 1971, la nouvelle formation majoritaire séduisit un nombre croissant de dirigeants de la deuxième gauche lassés des scores électoraux

10. *In* « Un intellectuel en politique », propos recueillis par Sylvain Bourmeau, *Les Inrockuptibles*, 3 octobre 2006.

résiduels et des tensions internes: un « socialisme critique » certes, mais qui n'avait plus de prise sur la politique.

La victoire de Pierre Mendès France à Grenoble, sous les couleurs du PSU, sembla interrompre l'engrenage du déclin. La campagne électorale prit même la dimension d'un scrutin national, montrant combien le PSU était investi d'un pouvoir de changer la politique jusque dans ses passages les plus obligés. C'était le résultat d'un engagement inédit pour démocratiser la société, comme l'exprima par la suite Michel Rocard, l'un des principaux animateurs de cette volonté, en se souvenant en 1987 des Rencontres socialistes de Grenoble de mai 1966: « C'est ainsi que les femmes et les hommes de ma génération ont été conduits, les premiers dans la vie politique française, à intégrer les problèmes de société dans une réflexion qui portait jusqu'alors tantôt sur l'idéologie, tantôt sur la tactique [11]. »

Michel Rocard résuma ces préoccupations dans une expression très critique pour la première gauche, « redécouvrir ce que nul n'aurait jamais dû oublier: la société a droit de cité dans la vie politique. À réduire celle-ci à l'intervention de l'État, on se condamnait non seulement à passer à côté des solutions efficaces mais, plus dangereusement encore, à ne pouvoir user comme moyens que de ceux donnés par l'État, c'est-à-dire principalement des moyens de contrainte. C'est pour l'ensemble de cette démarche que les années 1960 ont revêtu une importance décisive ». Le PSU montra ainsi son pouvoir de compréhension de la société en intervenant, dans les premiers mois de 1968, sur deux terrains de crise, d'une part des conflits du travail (Rhodiaceta, Berliet) sans fortes consignes syndicales, conduits par des comités de jeunes salariés se mobilisant sur

11. *Le Cœur à l'ouvrage*, *op. cit.*, p. 43-44 et 48 (et pour les citations suivantes).

le droit à l'expression, et de l'autre les universités et la remise en cause des formes traditionnelles de transmission du savoir. « Deux documents du PSU, le rapport sur les formes nouvelles de grèves et l'adresse du PSU à ses étudiants, furent [...] les seuls qui, dès la fin du mois de mars, évoquaient sur la scène politique les causes du malaise qui n'allait pas tarder à provoquer l'explosion de mai. »

7

Mai 68 et la gauche
L'épreuve de vérité

L'événement de Mai plaça une nouvelle fois la gauche en face d'elle-même et de son histoire. Elle se montra tout à la fois mobilisée pour comprendre la transformation de la société qui s'y réalisait et déterminée à rejeter l'héritage d'un mouvement de liberté. La réflexion sur Mai 68 constitue donc un nouvel exercice de critique politique, aujourd'hui éminemment nécessaire après la commémoration du quarantième anniversaire de l'événement et les vives controverses sur sa signification lancées par la droite française.

À l'avant-garde du mouvement de Mai

En mai 1968, la deuxième gauche fut à l'avant-garde du mouvement. Le PSU s'imposa comme la formation politique la plus en phase avec l'engagement de la jeunesse, qu'il tenait pour l'une des principales « forces vives » de la société et qu'il pouvait mobiliser grâce à ses liens avec l'UNEF. Ses militants disputaient à l'extrême gauche la direction du mouvement et ses intellectuels se saisissaient de ce qu'ils concevaient comme une lame de fond afin de confronter le socialisme au réel. Mai 68 révéla une « foi démocratique », pour reprendre l'expression d'André Philip, pleinement engagé dans le mouvement [1]. Pourtant, le PSU disparut corps et biens dans les années qui suivirent Mai 68, pour des raisons qui tinrent à ses divisions internes mais aussi au refus de la gauche communiste, socialiste et centriste d'en reconnaître les idées et les hommes. La tentative de réformer les grands partis et leur doctrine par la dissidence et l'engagement fut en partie vaine.

À la veille des événements, le PSU représentait bel et bien une sérieuse option de renouveau et de reconquête offert à une première gauche autoritaire et archaïque. Dès les premières manifestations, le PSU se porta vers les étudiants avec les Étudiants socialistes unifiés. Le lendemain de la soirée décisive du 10 mai, le bureau national du PSU appela les grandes organisations syndicales à une protestation collective unitaire, laquelle prit la forme du défilé du 13 mai. Dans ce rôle de premier plan, le PSU profitait pleinement de sa proximité avec les organisations étudiantes, mais aussi de son implantation dans les milieux ouvriers *via* la CFDT.

Responsable incontournable du parti, Michel Rocard joua un rôle politique et organisationnel déterminant en tentant d'éviter que le mouvement ne bascule dans la logique insurrectionnelle et l'impasse idéologique. Rocard obtint notamment que la manifestation prévue le 25 mai, et qui risquait de dégénérer dans la violence en raison des brutalités policières de la veille, se déplace dans un lieu fermé. Ce fut le meeting du stade Charléty du 27 mai, réunissant 30 000 personnes, précédé d'un défilé de l'UNEF parti des Gobelins. Le PSU en fut le principal acteur avec l'UNEF, une partie de l'extrême gauche, de nombreuses fédérations de la CFDT, la FEN qui avait appelé

1. André Philip, *Mai 68 ou la foi démocratique*, Paris, Aubier-Montaigne, 1968.

à participer à Charléty et des représentants du syndicat Force ouvrière. Cette configuration pouvait apparaître comme une alternative crédible à un pouvoir gaulliste impuissant, un Parti communiste dépassé et un mouvement gauchiste tenté par la surenchère révolutionnaire. L'espoir de transformer la « révolte de mai » en une véritable offre politique était d'actualité pour quelques heures encore. Pour Michel Rocard, il s'agissait de « tenter de faire se rejoindre la protestation populaire et la vie politique institutionnelle, d'autant que l'impuissance dont le pouvoir semblait alors frappé pouvait ouvrir la voie à une rupture de la continuité républicaine, qu'il nous fallait empêcher. [...] L'urgence était de donner à ce message une traduction politique forte et claire, qui l'épure de toute connotation révolutionnariste et en permette l'insertion dans une ligne de transformation sociale et culturelle énergique [2] ».

Tout était possible à Charléty en ce lundi après-midi pluvieux et exalté, et, « dominant les passions, une sorte de ferveur, comme au seuil d'événements considérables et encore mystérieux que cette foule paraît appeler de ses vœux [3] ». Le mouvement de Mai touchait là à son apogée, dans le sentiment partagé de la liberté. *Les Barricades de Mai*, « ce livre composé alors que les fumées lacrymogènes se dissipaient à peine [4] », choisit de s'achever sur Charléty. « Car Charléty (et la suite ?) prouvait qu'en construisant leurs Barricades de Mai, les étudiants avaient construit autre chose. Quelque chose qu'aucun assaut de policiers, obéissant à quelque régime que ce soit, ne parviendrait à détruire [5]. »

2. Michel Rocard, *Le Cœur à l'ouvrage*, *op. cit.*, p. 53-54.
3. Maurice Grimaud, *En mai fais ce qu'il te plaît*, Paris, Stock, 1977, p. 268.
4. Présentation de Philippe Labro, photographies de l'Agence Gamma, Paris, Solar, 1968 (non paginé).
5. *Ibid.*

L'engagement des chercheurs

Mai 68 arrivait dans un contexte d'épanouissement des sciences sociales, près de soixante-dix ans après leur naissance à l'ombre de la sociologie durkheimienne. Le mouvement étudiant et ouvrier était un laboratoire grandeur nature pour des chercheurs qui pressentaient la crise sociale et universitaire et qui l'avaient à plusieurs reprises annoncée. Leur engagement dans le mouvement fut rarement idéologique et bien plus nettement critique, comme un devoir professionnel de se porter vers l'événement et de l'analyser à chaud pour en nourrir le sens et mobiliser ceux qui avait le courage de se battre.

Michel Crozier, qui n'avait pas encore publié *La Société bloquée* [6], s'adressa aux étudiants le 24 mai dans une *Lettre* qui, de l'avis de Claire Andrieu, historienne du Club Jean Moulin auquel appartenait le sociologue, vibrait « de l'émotion de ces journées [7] ». Il écrivait en ouverture : « Vous vous êtes dressés contre l'absurde, contre le non-sens, contre la caricature qu'avaient donnée de nous-mêmes et de notre tradition scientifique des générations d'universitaires pédants, de bureaucrates bornés et de révolutionnaires autoritaires. La France était en train de perdre la bataille de l'intelligence. [...] Vous avez eu le courage de dire non et l'incroyable faiblesse d'un système où plus rien de vivant n'apparaissait a été révélée tout d'un coup aux yeux de tous. Ce que vous croyiez vous-mêmes impensable est arrivé. Le système a éclaté, les barrières ont sauté et, dans un immense soulagement, les milliers de cellules de base qui constituent la vie intellectuelle de ce pays ont senti

6. Michel Crozier, *La Société bloquée*, Paris, Seuil, 1970.

7. Claire Andrieu, *Pour l'amour de la République. Le Club Jean Moulin (1958-1970)*, Paris, Fayard, 2002, p. 505.

tout d'un coup la vigueur de leur propre activité créatrice.» Mais, pour que «la révolution [qu'ils avaient] commencée» fût «une révolution culturelle» véritable, Michel Crozier enjoignait aux étudiants de renoncer à l'impasse de l'extrémisme et de la radicalité idéologique.

La même posture critique caractérisait les autres chercheurs engagés dans le mouvement, que ce soit Alain Touraine s'opposant à l'idéologie suicidaire des étudiants révolutionnaires de Nanterre [8], Pierre Vidal-Naquet refusant de crier «CRS-SS» [9] ou Jean-Pierre Vernant allant expliquer aux dirigeants communistes combien ils avaient tort de combattre l'autonomie étudiante [10]. Tandis que le premier publiait *Le Mouvement de Mai ou le Communisme utopique* [11], le deuxième faisait œuvre d'historien-philologue en recueillant puis en éditant avec Alain Schnapp toute la documentation possible. Suggéré au Seuil par Jacques Julliard, l'ouvrage de près de neuf cents pages parut finalement au début de 1969 dans une collection d'«Esprit» sous le titre, «partiellement emprunté à Edgar Morin [12]», *Journal de la commune étudiante. Textes et documents, novembre 1967-juin 1968* [13]. Quelques semaines plus tôt était sortie *La Sorbonne par elle-même* de Michelle Perrot et Madeleine Rebérioux [14], un recueil aussi important pour son contenu et sa méthode [15] que par les qualités de ses deux

8. Alain Touraine, *Un désir d'Histoire*, Paris, Stock, 1977, p. 202.

9. *Mémoires*, t. II, Paris, Seuil / La Découverte, 1998, p. 287-288.

10. *Entre mythe et politique*, *op. cit.*, p. 571-576.

11. *Le Mouvement de Mai ou le Communisme utopique*, 1968, rééd. *Le Communisme utopique*, Paris, Seuil, 1972.

12. *Mémoires*, *op. cit.*, p. 300.

13. Seuil, 1969. Nouvelle éd., 1988.

14. «La Sorbonne par elle-même», *Le Mouvement social*, n° 64, juillet-septembre 1968, rééd., Paris, Éd. ouvrières, 1988.

15. «L'idée de réaliser ce recueil de documents est née de notre vie quotidienne en cette fin de printemps, et, en somme, de notre *expérience*» (*ibid.* ; nous soulignons).

principales maîtresses d'œuvre [16] : avec elles parvenait enfin à maturité la première génération d'universitaires femmes dans un monde historien demeuré très masculin et très mandarin (ceci expliquant probablement cela).

Des philosophes s'impliquèrent eux aussi de manière critique, et d'abord Jean-Pierre Vernant déclarant le 3 juin aux responsables communistes qu'une « rupture politique » essentielle s'était produite dans la société, « là où on ne l'attendait pas, et tout le jeu politique s'en est trouvé modifié ». Quant à Claude Lefort et Cornelius Castoriadis, qui menaient avec la revue *Socialisme ou barbarie* une déconstruction du marxisme, condition du progrès démocratique, ils publièrent avec Edgar Morin un ouvrage devenu mythique. Les trois chercheurs avaient été engagés dans l'anticolonialisme, dès 1955, avec le Comité d'action des intellectuels contre la poursuite de la guerre en Algérie. *La Brèche*, qu'ils firent paraître à la toute fin du mouvement, comprenait les articles d'Edgar Morin parus dans *Le Monde* des mois de mai et juin, une contribution de Jean-Marc Coudray (pseudonyme de Cornelius Castoriadis), « La révolution anticipée », et un texte de Claude Lefort sur « Le désordre nouveau ». L'analyse de ce dernier constitua une étape importante dans sa critique du pouvoir bureaucratique. Les forces capables d'ébranler de tels systèmes pouvaient être désormais celles d'« agitateurs improvisés, indifférents aux consignes de syndicats, [...] capables de saisir une occasion d'exploiter dans le secteur où ils se trouvent la révolte que suscite l'oppression bureaucratique et de faire la démonstration pratique que la même révolte travaille les autres secteurs de la société [17] ».

16. Rejointes par Jean Maitron et Jean-Claude Perrot.

17. Claude Lefort, « Le désordre nouveau », *in* Claude Lefort, Edgar Morin et Cornelius Castoriadis (sous le pseudonyme de Jean-Marc Coudray), *La Brèche*, Paris, Fayard, 1968, p. 40.

L'étouffement majoritaire

À défaut de choisir entre les deux options politiques : transformer le mouvement en un large « parti de Mai » emmené par la haute figure de Pierre Mendès France, « lui seul » étant capable de pouvoir « traduire la légitimité des objectifs de manière telle qu'elle pût peser sur le système politique, Assemblée et Gouvernement [18] », ou bien conserver la valeur intellectuelle de ce combat pour donner à la gauche l'identité qu'elle n'avait pas, le PSU et ses alliés perdirent tout.

L'issue incertaine de Charléty décida en effet les dirigeants de la première gauche à reprendre l'offensive. Le 28 mai, François Mitterrand à la tête de la Convention des institutions républicaines organisa une conférence de presse à l'hôtel Continental. Anticipant sur une vacance du pouvoir gaulliste, il préconisa « la mise en place d'un "gouvernement provisoire de gestion" [...] composé de dix hommes choisis sans exclusive et sans dosage périmés. [...] Pour le former, je pense d'abord à Pierre Mendès France. Et pour la présidence de la République, le suffrage universel décidera. Mais déjà je vous l'annonce : je suis candidat. » Cette initiative condamnait l'union politique esquissée à Charléty, d'autant que Pierre Mendès France fit savoir qu'il se tenait prêt à « assumer les responsabilités qui pourraient lui être confiées par toute la gauche réunie ».

Mais l'initiative de la première gauche éloigna brutalement Pierre Mendès France de la « deuxième ». Elle ruinait les derniers espoirs de construire politiquement cette dernière. Elle favorisait la radicalisation de l'aile gauchiste du PSU et son rejet de François Mitterrand comme de Mendès France. Elle

18. Michel Rocard, *Le Cœur à l'ouvrage*, *op. cit.*, p. 53.

accélérait enfin l'évolution vers un retour à des formes plus traditionnelles de politique. Le Parti communiste suivit la même logique en dénonçant la réunion de Charléty où la CGT n'aurait été, selon *L'Humanité*, que « la cible favorite de la manifestation » Deux jours plus tard, la conjoncture se renversa définitivement avec le succès de la grande manifestation gaulliste du 30 mai aux Champs-Élysées. Les élections législatives de juin 1968 traduisirent l'échec politique du PSU. Alors que 215 candidats étaient présentés, aucun ne fut élu, pas même Pierre Mendès France, battu à Grenoble à l'issue d'une très difficile campagne contre la droite et en raison d'un mauvais report des voix de gauche au second tour.

Michel Rocard fut l'un des seuls à contrer ce reflux du PSU. Son score au premier tour de l'élection présidentielle de 1969, 3,66 % des voix, attesta d'une capacité à mobiliser un électorat progressiste de gauche. Michel Rocard avait voulu faire entendre encore la voix de Mai 68, « pour évoquer l'attente de la jeunesse, plaider la cause de la société, ses besoins, ses aspirations, auprès d'un système politique qui l'avait négligée ». C'était une candidature de « témoignage » plus que de combat [19], capable pourtant de « tenir le langage d'une gauche moderne [20] ». Sa victoire surprise la même année sur l'ancien Premier ministre du général de Gaulle Maurice Couve de Murville dans une législative partielle des Yvelines confirma l'attente de la société pour de nouvelles relations avec la politique. L'événement hautement symbolique entra aussitôt dans la légende. Mais c'était oublier la réalité du déclin inéluctable du PSU et des responsabilités qui lui incombaient dans cet échec politique.

19. *Ibid.*, p. 59.
20. Alain Bergounioux et Gérard Grunberg, *L'Ambition et le Remords*, *op. cit.*, p. 145.

La fin du PSU

L'étouffement du PSU par la première gauche n'explique pas tout de sa chute. La tentation gauchiste, renforcée précisément par l'attitude des partis traditionnels, précipita la marginalisation politique de la deuxième gauche. Dès la fin du mouvement de Mai, l'agressivité des tendances d'extrême gauche hostiles à toute alliance avec les socialistes majoritaires conduisit Pierre Mendès France à la rupture. Mais il ne rendit publique sa démission qu'après les élections de juin 1968 et sa propre défaite de Grenoble. « J'ai approuvé le PSU lorsqu'il a été solidaire du mouvement étudiant au mois de mai ; et aussi lorsqu'il a donné une interprétation à mon avis correcte et réaliste des grèves de mai et de juin. Par contre j'ai regretté tout au long de cette période que, comme dans le passé, les élus du Parti aient été constamment placés devant des faits accomplis qu'ils ne pouvaient pas toujours approuver », écrivait-il le 16 juillet 1968, dans une lettre à Michel Rocard, pour prendre congé. « Vous comprenez que je ne peux cautionner indéfiniment par mon silence un comportement que je crois néfaste à la reconstruction de la gauche », expliquait celui qui mettait ainsi un terme à sa carrière politique. « Ce n'est pas sans tristesse que je quitte un parti dont les militants sont toujours apparus être animés par une rigueur et un désintéressement exceptionnels. Je souhaite que mon départ attire leur attention sur la nécessité de ne pas dédaigner les conditions propres à permettre l'édification d'une gauche nouvelle enfin réunie [21]. »

Dominé par l'aile gauchiste révolutionnaire, le PSU régressa

21. Pierre Mendès France, *Œuvres complètes*, t. V, *Préparer l'avenir, 1963-1973*, Paris, Gallimard, 1989, p. 389-390.

rapidement. Cette tendance s'aviva avec la naissance du nouveau Parti socialiste au congrès d'Alfortville de la SFIO le 4 mai 1969, puis avec la nouvelle donne créée par le congrès d'Épinay-sur-Seine de 1971. Les progressistes libéraux du PSU eurent le choix entre le maintien dans une formation promise à un destin groupusculaire et le ralliement sans conditions à un parti déjà figé avant même d'avoir évolué. Michel Rocard ne put rejoindre le PS qu'en qualité de simple militant, sans possibilité de défendre collectivement sa conception du socialisme. Au PSU, la dynamique de Mai survécut quelque temps encore à travers le combat de l'« autogestion » et la lutte des salariés de l'entreprise d'horlogerie LIP conduite par Charles Piaget. La candidature de ce dernier à l'élection présidentielle de 1974 fut un temps envisagée. Mais la victoire de François Mitterrand à l'élection présidentielle de 1981 et la domination du Parti socialiste finirent par ne laisser aucun espace politique à un PSU qui se saborda au congrès d'Angers (décembre 1988).

Pour les historiens Alain Bergounioux et Gérard Grunberg, « le PSU ne résista pas à la radicalisation de l'après-Mai : le vieux l'emporta sur le neuf. En 1971, le pari du PSU était perdu : celui-ci n'avait que partiellement renouvelé la question du rapport au pouvoir dans de nouvelles règles d'organisation pour devenir un parti de type inédit. Mais il a été une structure d'accueil précieuse pour la formation d'une génération politique dont beaucoup de membres ont plus tard repris les virtualités de renouvellement affirmées dans les années 1960 [22] ». Les virtualités ont certes été reprises, mais elles ont été aussi étouffées par les dirigeants du nouveau Parti socialiste, François Mitterrand en tête, sauf lorsqu'ils eurent besoin de l'héritage

22. Alain Bergounioux et Gérard Grunberg, *L'Ambition et le Remords*, *op. cit.*, p. 145.

intellectuel de la « deuxième gauche » afin de remobiliser des électorats démotivés, et pour cause.

Changer la vie ?

La tactique des responsables majoritaires, bientôt réunis dans le nouveau Parti socialiste d'Épinay, fut de ne laisser aucun espace au PSU, trop menaçant politiquement malgré ses difficultés chroniques. D'un point de vue électoral, la deuxième gauche était handicapée par la faiblesse de ses implantations locales et le manque de militants capables de créer d'efficaces clientèles. Le PS, fort de ses contingents de l'ancienne SFIO et de ses réseaux de notables, empêcha toute implantation solide du PSU. Seules pouvaient réussir des campagnes à dimension nationale comme celle de Pierre Mendès France à Grenoble en 1967 ou celle de Michel Rocard en 1969. En ce qui concerne les programmes, les partis de gauche surent adapter les leurs aux idées libérales de Mai 68 sans rien céder en réalité sur le fond. « Changer de cap », promit le Parti communiste en 1971. « Changer la vie », proclama en 1972 le programme de gouvernement du Parti socialiste. « Faire de la politique autrement », dirent les écologistes quelques années plus tard. Passé les slogans ou d'habiles récupérations, les contenus évitaient soigneusement toute référence à Mai 68. Le changement ne devait venir que de l'action des partis, et du Parti socialiste d'abord. L'historienne Hélène Hatzfeld insiste sur l'objectif premier assigné par les responsables du PS à l'innovation : « Elle vise à assurer au parti la suprématie sur la gauche[23]. »

23. Hélène Hatzfeld, « Les habits étroits de l'Union de la gauche », *in* Philippe Artières et Michèle Zancarini-Fournel (dir.), *68. Une histoire collective*, Paris, La Découverte, 2008, p. 755. Voir aussi, de la même, « Une révolution

Les Assises du socialisme de 1974, qui virent l'adhésion de milliers de membres du PSU, ressemblèrent à un marché de dupes, puisque le PS continua de rejeter la pensée démocratique au profit de la conservation du dogme marxiste. Seule sa base sociale se diversifia. Les frustrations et les impatiences ne firent que s'accroître sans espoir de solution. L'euphorie de la victoire du 10 mai 1981 tint lieu de démocratisation du socialisme. L'Union de la gauche négociée en 1972 entre socialistes, communistes et radicaux aurait pu signifier elle aussi une promesse de changement. Il n'en fut rien : « Si elle a rempli l'objectif que lui assignait le PS – faire basculer en sa faveur le rapport de forces avec le PCF –, [elle] est toutefois restée très largement à l'écart des questions posées, des exigences de renouvellement des partis, de la politique et de la démocratie, analyse encore Hélène Hatzfeld. Cette distance s'explique en particulier par les cadres d'interprétation de la société et de l'action politique qui prévalent au PC et au PS, bien que de façon différente[24]. » Le mouvement de Mai 68 et l'expérience en son sein de la « deuxième gauche » apportaient précisément d'autres cadres d'interprétation. Pour cette raison, Mai 68 et le PSU furent marginalisés dans le Parti socialiste, en dépit de ses déclarations d'intention ou de la valeur des héritages qu'il convoquait solennellement. « Il a reçu en héritage la plus grande, la plus belle tradition socialiste. Il reste le parti de Jaurès, de Guesde, de Léon Blum », proclamait le parti en ouverture de son programme *Changer la vie*[25].

---

culturelle du Parti socialiste dans les années 1970 », *in* Pascale Goetschel et Gilles Morin (dir.), *Vingtième siècle. Revue d'histoire*, n° 96, octobre-décembre 2007.

24. Hélène Hatzfeld, « Les habits étroits… », art. cit., p. 755.

25. *Changer la vie. Programme de gouvernement du parti socialiste*, présentation de François Mitterrand, Paris, Flammarion, 1972, p. 9.

Un laboratoire pour toute la gauche

Morte institutionnellement, la deuxième gauche continua pourtant d'agir. D'abord au sein du Parti socialiste. Les rocardiens défendirent systématiquement leur vision du socialisme et de la pratique du pouvoir. Au congrès de Nantes en 1977, Michel Rocard avait su définir la culture politique de la deuxième gauche en la distinguant de la première et en posant de nouveaux combats. Elle « refuse la domination de l'État comme celle des patrons, soutient les luttes de toutes les minorités, celles des femmes comme celles des jeunes, des immigrés ou des handicapés », écrit l'historien Marc Sadoun, qui reconnaît que ce clivage n'épouse pas pour autant l'opposition historique entre les guesdistes et les jaurésiens [26]. Néanmoins, la deuxième gauche paraît souvent plus proche des idéaux et des pratiques de la vieille gauche que ne l'est la première gauche, celle du parti de François Mitterrand, plus attachée au pouvoir qu'à ses idées, incapable de revenir sur le passé (algérien notamment) pour mieux regarder l'avenir. Au soir de la défaite de la gauche aux élections législatives de mars 1978, Michel Rocard affirme qu'« un certain style politique, un certain archaïsme politique sont condamnés ». La riposte de François Mitterrand, allié au CERES de Jean-Pierre Chevènement, entraîna la marginalisation de son adversaire, qui se retrouva « droitisé », assimilé à une « droite américaine » diabolisée. Malgré sa popularité dans les sondages et auprès de nombreuses élites, Michel Rocard fut à nouveau battu par

26. « La deuxième gauche », *in* Jean-François Sirinelli, *Dictionnaire de la vie politique française au XXe siècle*, Paris, PUF, 1995 ; rééd. « Quadrige », 2003, p. 354. Voir aussi, du même, *De la démocratie française. Essai sur le socialisme*, Paris, Gallimard, 1995.

François Mitterrand dans la course à l'élection présidentielle de 1981.

Le gouvernement de Michel Rocard (1988-1991) et son bilan purent apparaître comme une revanche sur une histoire qui n'avait pas épargné la deuxième gauche. Le succès fut cependant de courte durée. La défaite des européennes en 1994 priva Michel Rocard de l'opportunité de se présenter à l'élection présidentielle de 1995. Mobilisée dans la « gauche plurielle » de Lionel Jospin après la victoire des législatives de 1997, la deuxième gauche joua son rôle dans un gouvernement qui lui ressemblait trop, ou pas assez, et qui s'effondra le 21 avril 2002.

Conclusion

La politique et l'histoire

Pourquoi la gauche française est-elle aujourd'hui si divisée, si faible, si impuissante ? Pourquoi, en son sein, le Parti socialiste est-il à ce point malade que son unité est devenue problématique, que ses dirigeants se déchirent, que d'autres passent à droite, et que sa politique se résume à la mécanique des courants ? Pourquoi la gauche antilibérale, anticapitaliste et même antidémocratique apparaît-elle comme la seule force d'opposition au pouvoir de Nicolas Sarkozy ? Pourquoi ce dernier est-il parvenu à s'emparer si facilement de figures et de références de la gauche tout entière, de Jean Jaurès au Front populaire ? Pourquoi ce silence devant les discours d'un président de la République redessinant idéologiquement la République et la France ? Pourquoi la gauche échoue-t-elle à parler à la société, à être comprise d'elle ? Pourquoi les militants et sympathisants se détournent-ils ?

Pourquoi, au regard des luttes qu'elle a su mener par le passé, la gauche ne parvient-elle plus à incarner aujourd'hui la défense des droits de l'homme, le combat pour la justice, une dignité de la France envers et contre tout ? Pourquoi le socialisme démocratique, qui a été avec le libéralisme politique le ressort majeur du progrès social et politique de la République, s'avère-t-il incapable d'exister au présent et d'éclairer l'avenir ? Pourquoi l'identité socialiste est-elle au mieux une résignation, au pire une souffrance, ou même une honte tant le spectacle du parti est devenu affligeant ? Où sont les socialistes ? lançait l'actrice Josiane Balasko venue, le 11 novembre 2007, apporter son soutien aux mal-logés réfugiés rue de la Banque à Paris [1] ?

Un continent critique s'ouvre ici avec ces quelques interrogations. Face au recul des libertés qui s'intensifie en France, les socialistes demeurent silencieux ou bien vaguement indignés. Ils n'ont aucune idée des combats qui, dans le passé, avaient solennellement fixé les limites de la démocratie et de l'arbitraire. Entraînant la gauche entière, ils ont perdu tout rapport avec leur histoire, avec le monde, et, en conséquence, toute capacité d'action. La raison comme le simple courage et l'élémentaire clairvoyance ont disparu de l'horizon politique des socialistes. Ceux-ci ont perdu jusqu'à l'idée de tels engagements. Parce qu'ils ont perdu jusqu'au sens même de leur histoire et du rapport avec elle. Il a fallu ainsi qu'une femme originaire de Norvège, ancienne magistrate en France et désormais candidate de l'Union des écologistes aux élections européennes, vienne rappeler à la gauche, à « ceux qui ont l'espoir de refonder une démocratie sociale sur des idées claires », que « nous ne gagnerons jamais en reniant nos principes » [2].

Les socialistes n'ont pas seulement perdu leur mémoire. Ils perdent leur honneur. Et ils perdront à ce rythme leurs militants, et bientôt leurs électeurs. Qui oserait contester que le parti serait aujourd'hui incapable de mener des combats comparables

1. « Je me demande ce que foutent les mecs du Parti socialiste ? Où est l'opposition ? » La députée Aurélie Filippetti fut la première responsable socialiste à faire savoir qu'elle était venue rue de la Banque, le 22 novembre suivant.

2. Eva Joly, « Omerta sur les clandestins », *Le Monde*, 3 octobre 2008.

à ceux de son fondateur Jean Jaurès qui, avant d'unifier les socialistes en 1905 et de se dresser contre la guerre injuste, était allé seul ou presque défendre les Arméniens massacrés par le « sultan rouge » dans l'Empire ottoman[3], puis l'« ennemi de classe » – parce que bourgeois et officier – Alfred Dreyfus condamné par l'antisémitisme et la raison d'État ?

*

La comparaison du présent avec le passé est ainsi particulièrement cruelle pour les socialistes français. Le recul tragique de leur parti découle selon nous d'un refus de l'histoire qui a commencé après la Seconde Guerre mondiale et qui s'est accéléré, de l'époque de la guerre d'Algérie à celle de François Mitterrand. Plus encore qu'une indifférence à l'histoire, la gauche se caractériserait en effet par un régime du refus et du rejet. Refus de l'histoire comme rapport au monde et pensée politique. Rejet de sa propre histoire, surtout si elle est *antérieure* à la naissance du parti en 1905 ou *dissidente* à l'égard de celui-ci. Les combats qui ont fait une part importante de l'identité politique de la gauche n'existent pas pour les socialistes dans la mesure où leur évocation, leur remémoration mettraient en danger l'unité doctrinaire et le pouvoir du parti. Encore aujourd'hui.

Les socialistes majoritaires ont rejeté et étouffé les combats dans l'histoire parce qu'ils fragilisaient les idéologies et qu'ils menaçaient les pouvoirs, étant généralement l'œuvre de dissidents, de minoritaires, depuis les allemanistes de la fin du XIXe siècle jusqu'à la deuxième gauche du second XXe siècle.

3. Jean Jaurès, *Il faut sauver les Arméniens*, Paris, Mille et une nuits, 2006.

Et, si ces combats furent parfois reconnus, ce fut au prix de leur déshistoricisation avancée et d'une normalisation de la pensée qui les porta. C'est le sort qui fut réservé, entre autres, à Jean Jaurès et à Pierre Mendès France. Ces figures historiques de la gauche n'entretiennent aujourd'hui aucune pensée historique ou politique. Ils ne représentent que des noms dont on baptise une fondation ou qu'on invoque avec autorité pour mieux s'en défaire aussitôt. Leur destin actuel est d'autant plus pathétique que ces hommes de gauche fondèrent précisément leur action politique sur la volonté de comprendre l'histoire de leur temps et d'y répondre par une action raisonnée. Et, quand s'établit un rapport des socialistes avec l'histoire et le passé, il se réalise généralement dans une posture de rejet, comme l'a souligné l'historien britannique Sudhir Hazareesingh dans une analyse des débuts de la SFIO [4].

L'histoire plus récente n'a pas davantage été regardée en face, du moins dans la gauche majoritaire. La faillite du socialisme de gouvernement dans la guerre d'Algérie demeure une question irrésolue au sein du parti. Les « erreurs » de Guy Mollet sont fréquemment excusées, tandis que le rapport de François Mitterrand à la France impériale reste un tabou. Pourtant, le clivage de la guerre d'Algérie joua un rôle non négligeable dans la tension qui opposa François Mitterrand à Michel Rocard, le premier reprochant au second son engagement anticolonialiste. Mais cette dimension historique des conflits politiques internes au socialisme est généralement niée par ses dirigeants, à la fois par méconnaissance de cette histoire et par indifférence pour la question de l'histoire en politique. Elle fut et elle demeure pourtant décisive.

4. « Pour le dire de manière un peu provocatrice, l'identité mémorielle des socialistes est surtout une identité négative » (*Cahiers Jaurès*, n° 187-188, janvier-juin 2008, p. 133-134).

La décision de la deuxième gauche de combattre la guerre d'Algérie fit beaucoup pour donner au socialisme français un honneur et une dignité qu'il ne retrouva plus ensuite. Pierre Encrevé, fils de pasteur, en première année de lettres et de théologie, et futur conseiller à l'hôtel Matignon en 1988, témoigna ainsi de l'importance de l'engagement de Michel Rocard pour la vérité dans la guerre d'Algérie et de son combat contre les camps de regroupement : « Quelqu'un faisait exactement ce qu'il fallait faire en pareille situation. » Le rapport sur les camps confirmait les jeunes militants et intellectuels dans la justesse de leur position. Jacques Julliard, étudiant en histoire, catholique libéral, lut le texte *in extenso* dans *Témoignages et Documents*, une publication chrétienne de lutte contre la guerre d'Algérie. Par ce document et cet engagement, nous précisa-t-il en 2003, « Michel Rocard faisait sortir cette histoire d'un cadre purement colonial pour l'inscrire dans une perspective plus générale, celle des camps et du totalitarisme [5] ».

Mai 68 fut, avec l'anticolonialisme, le second événement qui révéla l'identité précise du socialisme démocratique de la « deuxième gauche » et qui fut pour cela systématiquement combattu par la première gauche. Au sein du Parti socialiste, le refus de l'histoire permettait de renforcer surtout la tendance majoritaire. Les principaux responsables de cette dernière ont en effet largement récusé le mouvement de Mai et n'ont pas hésité, ensuite, à marginaliser en leur sein ceux qui avaient voulu saisir et penser l'événement. La contradiction a duré près de quarante ans : les socialistes, portés au pouvoir par un électorat qui se reconnaissait dans l'héritage de liberté de Mai 68, ont refusé ce progrès de l'histoire. C'est dans un ensemble d'attitudes, de silences, de choix symboliques que

5. Entretien de Jacques Julliard avec l'auteur (25 mars 2003).

l'on mesure l'opposition entre la gauche et l'événement. À cet égard, Mai 81 et la pratique du pouvoir par François Mitterrand ont bien enterré Mai 68 [6].

Mai 88 parut réveiller quelques espoirs avec la formation du gouvernement de Michel Rocard, au début du second septennat socialiste. Mais le dirigeant rescapé de la deuxième gauche fut brutalement évincé de la tête du gouvernement le 15 mai 1991 par François Mitterrand, puis marginalisé au sein d'un Parti socialiste réfractaire aux idées. Pour Pierre Rosanvallon, la chute du gouvernement de Michel Rocard marqua véritablement la fin de la séquence libérale ouverte dans le socialisme français avec Mai 68 et la « deuxième gauche ». Une fin en forme d'hommage ou même d'occasion manquée tant le bilan du gouvernement fut décisif, « avec le RMI, le processus d'indépendance de la Nouvelle-Calédonie, la CSG, la vision de la nécessité d'une évaluation des politiques publiques… Tout cela aurait pu être l'occasion d'un rebondissement. Mais les conditions du rapport de forces entre le président de la République et le Premier ministre ont empêché ce rebond politique, mais aussi intellectuel [7] ».

En refusant l'histoire, en combattant sa propre histoire, le socialisme majoritaire s'est donc condamné à la perte de son identité. La gauche tout entière s'est privée là d'un outil essentiel de compréhension d'elle-même et de la politique, puisque cette histoire refusée était précisément celle d'une conscience commune. L'histoire ne constitue pas seulement une approche critique du passé qu'explorent les historiens. Elle est aussi un regard sur le présent qui concerne les citoyens et les militants aussi bien que les cadres et les leaders politiques. Pour

6. Cf. Vincent Duclert, « Nous l'avons tant renié », in *Mai 68. L'héritage*, numéro hors série de *Télérama*, 2008.

7. *In* « Un intellectuel en politique », art. cit.

la gauche, ce regard est capital dans la mesure où il permet de penser le monde réel dans lequel se réalise l'action politique, où il oblige à se détacher des idéologies surplombantes qui font précisément écran au social et au politique, et où il met en question toutes les formes de pouvoir comme de savoir. La conception critique de l'histoire est la pensée politique qui a toujours manqué à la gauche. Son absence a été longtemps masquée par les succès d'appareil, les victoires électorales ou simplement la faiblesse de l'opposition de droite. Aujourd'hui où le contexte n'est plus guère favorable, l'absence d'une pensée politique de la gauche se révèle dans ses conséquences les plus graves.

Le risque de disparition pure et simple du socialisme et de la gauche qu'il incarne appartient désormais à l'ordre des possibles. Il est néanmoins imaginable aussi de proposer un agenda qui reposerait sur un examen du rapport de la gauche et de l'histoire, préalable à son retour dans l'horizon politique. Car, si elle ne parvient plus aujourd'hui à incarner une idée progressiste de la France et de la République, si elle ne l'imagine même plus comme elle l'avait fait jusqu'à l'orée des années 1970 où elle rêvait encore « d'une nouvelle affaire Dreyfus [8] », selon l'expression de l'un de ses historiens, Jean Touchard, cela ne signifie pas pour autant que l'enseignement de ses combats passés est définitivement perdu. Simplement, leur historicité n'est pas reconnue. La mémoire même de ces combats n'existe plus, à quelques exceptions près, chez les dirigeants socialistes, ce qui contribue à faire de la « conscience de gauche » qu'ils prétendent incarner une coquille vide livrée à l'assaut idéologique du parti dominant et du pouvoir présidentiel.

8. *La Gauche en France depuis 1900*, Paris, Seuil, « Points Histoire », 1977, p. 28.

*

L'histoire, par sa capacité à fonder une pensée politique, représente bien un espoir pour la gauche. Elle serait même une *idée neuve*, tant elle a été délaissée depuis la Libération, et pour les militants et les électeurs une véritable conscience politique, individuelle et collective. Pour que le socialisme conserve une chance d'avenir, il convient qu'il puisse retrouver les fragments nombreux d'une histoire perdue et, plus encore, qu'il comprenne la dimension historique dont il n'a jamais fait une valeur politique, contrairement aux apparences et notamment aux stratégies d'instrumentalisation du passé auxquelles excellait un François Mitterrand. La gauche socialiste n'a fait que remplacer la relation lucide avec le réel – qui caractérise l'histoire – par un rapport mythique avec le passé, cette forme quasi religieuse qui définit la mémoire. Et encore. Souvent, il n'y a même rien eu.

L'avenir de la gauche peut ainsi dépendre de son ouverture à l'histoire qui seule lui permettra de devenir ce qu'elle est, une alternative au conservatisme laïque ou religieux, une pensée de la liberté et de la justice dans un monde soumis à la violence idéologique et guerrière. D'autres partis, dits libéraux, sont bien sûr capables d'incarner cet espoir, et sur cette base commune des alliances, des rapprochements peuvent même s'opérer. Ces formations libérales ou progressistes sont même, comme le montrent l'évolution du centre et le pari politique de François Bayrou, en passe de supplanter la gauche dans le statut d'opposition politique. La France ressemblerait alors aux États-Unis, avec un système bipolaire entre conservateurs et libéraux. C'en serait alors définitivement fini du socialisme français. Une longue séquence historique commencée au XIXe siècle s'achèverait bel et bien en ce début de XXIe siècle.

L'interrogation est même plus cruciale encore. Au sein de cette longue séquence historique, la gauche a-t-elle eu véritablement une pensée de l'histoire qui soit critique, lucide et constructive ? Après son unification en 1905, le Parti socialiste a-t-il fondé sa politique sur une exigence de connaissance ? Ou sur un marxisme de plus en plus imaginaire mais efficace dès lors qu'il s'agit de tenir le pouvoir majoritaire ? Les conditions mêmes de l'unité des socialistes et la naissance de la Section française de l'internationale socialiste (SFIO) ont fait que ce rapport à l'histoire a été effectivement refusé, afin de permettre précisément le rassemblement des courants et des hommes. En lieu et place s'est développée une approche doctrinaire des héritages historiques qui a fini par engendrer des tendances antidémocratiques fortes, et pas seulement au sein du Parti communiste issu du congrès de Tours en décembre 1920, mais également et de manière prononcée chez les socialistes français. Le rejet de l'histoire a permis d'installer la SFIO puis le Parti socialiste de 1971 dans de puissantes logiques de pouvoir. Si ces dernières ont assuré, à plusieurs reprises, des victoires électorales et la formation de gouvernements, elles ont aussi transformé la gauche en une machine idéologique très éloignée à la fois des intentions proclamées et de l'attente de ses militants.

Le paradoxe est là pourtant d'une gauche qui a, dans le passé, livré des combats suffisamment décisifs et emblématiques pour fonder aujourd'hui cette conscience politique qui disparaît. Il ne s'agit bien sûr pas de se complaire dans la mélancolie des vieilles batailles mais de faire au contraire d'une nouvelle relation au passé le moteur des identités politiques retrouvées. En d'autres termes, par ce lien renouvelé, critique et collectif, de donner un ancrage démocratique déterminant à un parti qui ne l'a plus. Il l'a eu cependant, à la marge, dans la dissidence, et à de nombreuses reprises. La démocratie en France, les droits fondamentaux des citoyens, l'honneur de la nation ont dépendu considérablement de ces combats de gauche. Il faut le reconnaître en ces temps de révisionnisme historique accéléré ou de patrimonialisation effrénée du passé qui retire à ce dernier tout contenu historique et politique. Il faut connaître surtout ces engagements qui donnèrent des lettres de noblesse au socialisme et pour lesquels, fréquemment, des hommes et des femmes perdirent leurs vies ou leurs illusions.

*

Il convient de substituer au régime idéologique de l'histoire un lien de raison et de vérité, essentiel pour reconstruire une identité politique. C'est en se plongeant dans l'histoire du socialisme français que Pierre Mendès France parvint à dégager les défis qui se posaient aux socialistes en 1962 (et qui n'ont toujours pas été relevés). Adressant à l'historien Daniel Ligou une lettre-préface à son *Histoire du socialisme en France (1871-1961)*, l'ancien président du Conseil soulignait que « le socialisme français a parcouru une longue route dont tous les enseignements n'ont pas été encore dégagés [9] ». L'apport essentiel de cette histoire avait été la conception d'un « socialisme démocratique ». Pour ce faire, il importe selon Pierre Mendès France d'être prêt à mettre en question l'histoire afin de comprendre comment cette tension vers le socialisme démocratique, incarnée dans des figures définitives et

9. *Op. cit.*, p. VII-VIII.

des combats victorieux, a pu se voiler sur l'horizon politique des socialistes et de toute la gauche.

Le destin de la gauche que nous avons relevé dans ce livre n'épuise pas bien sûr toute son histoire. Des pans entiers de son passé échappent à notre enquête, de la gauche dans les deux guerres mondiales à la gauche dans les combats sociaux. L'histoire tracée ici est d'abord une histoire politique centrée sur le socialisme. Le socialisme a été et demeure la force dominante de la gauche française, celle qui l'a organisée, celle qui a assumé l'expérience du pouvoir, et celle qui aujourd'hui la précipite dans l'impuissance avec la crise qu'elle traverse. Son histoire politique démontre que le socialisme s'est forgé dans une longue suite de combats pour les droits civiques et la dignité individuelle. Le socialisme a été profondément politique, et il a donné cette qualité à toute la gauche française. Cette dimension politique ne signifie pas pour autant que les combats sociaux et/ou culturels n'ont pas existé. Mais il faut précisément les comprendre du point de vue des libertés essentielles et de la dignité individuelle, et ne pas les séparer des combats politiques, comme l'ont précisément montré les historiens qui en ont fait leur objet d'étude. La rupture des socialistes avec ce principe fondateur du socialisme et de la gauche est l'une des causes principales de l'effondrement actuel du parti et de sa désaffection dans l'opinion, parmi ses militants et chez ses sympathisants. Reconquérir la politique et la conscience de la politique s'impose comme un véritable devoir moral.

La gauche ne fut pas la seule à s'engager dans les combats démocratiques, puisqu'elle y retrouva des libéraux, des catholiques, des gaullistes, des conservateurs même que définissait une certaine idée de l'honneur national dressé devant le nationalisme et l'égoïsme social. Mais la gauche participa fortement aux progrès des libertés sans lesquelles il n'y a aucune pensée de gauche digne de ce nom. Elle se forgea son identité politique dans cette histoire qui échappe très largement aux représentations actuelles mais qui continue de porter l'élan démocratique de la France contemporaine. Aujourd'hui où la question de l'avenir de la République est posée, où la régression démocratique devient une inquiétude partagée, la gauche a un rôle nouveau à jouer à condition qu'elle puisse le concevoir et le formuler. Et qu'elle puisse opérer résolument la critique de son rapport à la politique, comme l'esquissa récemment Jacques Julliard, qui soulignait combien sa génération identifiée à la deuxième gauche avait surinvesti la société civile au point d'en oublier l'ordre du politique lui-même. L'enjeu demeure toujours de les rapprocher l'un de l'autre, de politiser la société, de socialiser la politique. Il s'agit en d'autres termes d'étendre les libertés, de poursuivre une démocratisation toujours nécessaire comme l'avaient si parfaitement montré les années 1900, celles que Jacques Julliard revisitait encore en lisant Charles Péguy pour se convaincre que le socialisme pouvait revenir à la politique. Il suffit alors de se pencher vers les événements fondateurs, eux qui continuent de vivre malgré leur éloignement temporel [10].

La morale de la gauche française ne cesse ainsi de se construire dans un rapport entre histoire et politique. C'est principalement dans l'examen critique du passé que les socialistes ont réussi à instituer les fondements de leur action politique. C'est la compréhension lucide et volontaire du réel qui a forgé la pensée humaine de la gauche française. Ce sont les

10. Cf. Jacques Julliard, *L'Argent, Dieu et le Diable. Face au monde moderne avec Péguy, Bernanos, Claudel*, Paris, Flammarion, 2008, et *Pour une histoire de la deuxième gauche. Hommage à Jacques Julliard*, Paris, Bibliothèque nationale de France, 2008.

intellectuels et plus encore la critique intellectuelle qui ont apporté une contribution décisive aux combats qui ont fait la gauche moderne depuis les débuts de la IIIe République. À côté des penseurs engagés dans l'action, il faut faire la part des acteurs politiques qui ont reconnu l'importance de la critique intellectuelle dirigée vers l'histoire, c'est-à-dire vers le questionnement des expériences. D'Allemane à Jaurès, de Blum à Philip, de Savary à Rocard, il y a une tradition de la pensée politique qui repose sur la mise en question de l'histoire. Cette tradition n'est pas limitée à la France. En Italie, à la fin des années 1920, l'historien Carlo Rosselli, socialiste et antifasciste, interné par Mussolini aux îles Lipari, jeta les bases d'un « socialisme libéral », très critique à l'égard du marxisme et de l'Internationale communiste, et qui proclamait que « le socialisme, c'est lorsque la liberté arrive chez les pauvres [11] ». *Socialisme libéral* fut publié en France en 1930 avant que Carlo Rosselli ne combatte en Espagne et ne s'impose comme l'un des leaders en exil de la lutte contre le fascisme. Le 9 juin 1937, il fut assassiné avec son frère Nello à Bagnoles-de-l'Orne par des tueurs du réseau d'extrême droite La Cagoule, sur ordre de Mussolini. Élie Halévy, l'historien du socialisme européen et du libéralisme anglais, qui les connaissait personnellement, fut bouleversé par leur mort [12].

La philosophie de l'histoire telle que nous l'entendons est enfin une histoire politique. Le rapport de la gauche à l'histoire, objet de ce livre, pose en effet la question de l'histoire politique au point que toute avancée de cette dernière est un progrès politique en tant que tel. Les raisons en sont impérieuses.

11. Cité *in* Philippe Chanial, Présentation à Eugène Fournière, *Essai sur l'individualisme*, Lormont, le Bord de l'eau, « Bibliothèque républicaine », 2009, p. 10.

12. Cf. Élie Halévy, *Correspondance*, *op. cit.*, p. 745.

L'histoire politique digne de ce nom, qui ne se réduit pas à la simple nomenclature des partis et des élections, qui analyse la politique dans ses conditions mêmes et dans sa formation intellectuelle, revendique une indépendance de la recherche qui concourt aux libertés classiques de pensée et d'expression. L'histoire politique, comme on vient de le rappeler, est capable d'établir les conditions qui rendent la politique possible et elle retrace la genèse de leur formation. Énoncer ces fondements qui rendent possible toute activité politique constitue un engagement intellectuel autant que politique. Pour cette raison, le travail historien, comme celui que François Furet conduisit par exemple sur la gauche, est décisif et doit être pleinement intégré à la réflexion politique contemporaine [13].

Toute politique est une compréhension de l'histoire. Toute histoire est une compréhension de la politique. L'histoire est la continuation de la politique lorsque celle-ci n'est plus possible. La politique est la continuation de l'histoire lorsque celle-ci est impossible. Leur destin est profondément lié. La liberté de l'une veille sur l'autre et réciproquement. Cette conviction traverse l'une des premières œuvres d'histoire politique que l'humanité a connue. Le devoir de vérité exposé par Thucydide dans *La Guerre du Péloponnèse* et l'écriture historique qui en découla constituèrent la réponse la plus élevée à la crise tragique qu'affronta la démocratie athénienne, menacée de l'extérieur par ses ennemis et corrompue de l'intérieur par l'impérialisme et la démagogie. « L'absence de merveilleux dans mes récits les rendra peut-être moins agréables à entendre. Il me suffira que ceux qui veulent voir clair dans les faits passés et, par conséquent, aussi dans les faits analogues que l'avenir

13. Christophe Prochasson travaille actuellement à une étude de François Furet, historien du socialisme.

selon la loi des choses humaines ne peut manquer de ramener jugent utile mon histoire. C'est une œuvre d'un profit solide et durable plutôt qu'un morceau d'apparat composé pour une satisfaction d'un instant [14]. »

Ce lien entre histoire et politique fonde la possibilité d'une nouvelle conscience pour la gauche française. Cette reconquête d'une identité démocratique est capitale pour la France que nous voulons.

14. Thucydide, *Histoire de la guerre du Péloponnèse*, Livre I, chap. XXII, trad. fr. de Jean Voilquin, Paris, Flammarion, « GF », 1966, t. I, p. 42-43.

Cet ouvrage repose sur un ensemble de travaux, dont ceux de l'auteur, qui sont détaillés dans une bibliographie présente à l'adresse suivante : <http://crh.ehess.fr/document.php?id=682>. Nous renvoyons donc à celle bibliographie en ligne pour plus d'informations. Des chroniques d'histoire politique sont publiées régulièrement sur le site de l'auteur « Entre histoire et politique » pour le journal en ligne Mediapart, <http://www.mediapart.fr/club/blog/vincentduclert>.

Les trois derniers chapitres de l'ouvrage sont plus particulièrement adaptés de :

« Les mendésistes », *in* Jean-Jacques Becker et Gilles Candar (dir.), *Histoire des gauches en France*, t. II, Paris, La Découverte, « L'Espace de l'histoire », 2004, p. 159-174.

« La "deuxième gauche" », *ibid.*, p. 175-189.

« Actualités de Mai 68. La gauche, la politique et l'histoire », 81 p., publié le 20 mars 2008 sur le site Mediapart, <http://www.mediapart.fr/journal/culture-idees/200308/pour-comprendre-mai-68-deux-documents-a-telecharger>.

L'auteur tient à remercier ici Monique Labrune qui a accueilli et porté le projet de cet ouvrage aux éditions du Seuil, ainsi qu'Isabelle Creusot et Marianne Lagueunière pour leur aide, Paul Chemla qui a corrigé le manuscrit avec précision et talent, et bien sûr Maurice Olender. Ces remerciements s'adressent aussi à Christophe Prochasson et Gilles Candar, ainsi qu'aux étudiants du séminaire de l'École des hautes études en sciences sociales, « Qu'est-ce qu'une identité politique ? », pour les échanges nombreux sur « la gauche et l'histoire ». Une première version du manuscrit de cet ouvrage a été élaborée à Millburn (New Jersey, États-Unis), chez Adrienne Hall. Qu'elle en soit remerciée ainsi que sa famille. Ma reconnaissance s'adresse enfin à ma femme, Diana Duclert, pour son inspiration, ainsi qu'à Julia et Louise.

Table

Du même auteur

L'Affaire Dreyfus
La Découverte, « Repères », 1994,
nouvelle éd. augmentée, 2006

Les Archives
(avec Sophie Cœuré)
La Découverte, « Repères », 2001

L'Histoire contre l'extrême droite
Les grands textes d'un combat français
Mille et une nuits, 2002

Alfred Dreyfus. L'honneur d'un patriote
Fayard, 2006

Dreyfus est innocent ! Histoire d'une affaire d'État
Larousse, 2006

Dreyfus au Panthéon. Voyage au cœur
de la République
Galaade, 2007

La France, une identité démocratique
Les textes fondateurs
Seuil, 2008

Le Bal du Moulin de la Galette de Renoir
Armand Colin, « Une œuvre, une histoire », 2008

Directions d'ouvrages

Avenirs et avant-gardes en France, XIXe-XXe siècle
Hommage à Madeleine Rebérioux
(avec Rémi Fabre et Patrick Fridenson)
La Découverte, « Textes à l'appui », 1999

Serviteurs de l'État. Une histoire politique de l'administration française, 1875-1945
(avec Marc Olivier Baruch)
La Découverte, « L'Espace de l'histoire », 2000

Justice, politique et République, de l'affaire Dreyfus à la guerre d'Algérie
(avec Marc Olivier Baruch)
Complexe, « Histoire du temps présent », 2002

*La Politique et la Guerre. Pour comprendre le XX*e *siècle européen*
Hommage à Jean-Jacques Becker
(avec Stéphane Audoin-Rouzeau, Annette Becker, Sophie Cœuré, Frédéric Monier)
Éditions Agnès Viénot-Noesis, 2002

Dictionnaire critique de la République
(avec Christophe Prochasson)
Flammarion, 2002, nouvelle éd. augmentée, 2007

Il s'est passé quelque chose… le 21 avril 2002
(avec Christophe Prochasson et Perrine Simon-Nahum)
Denoël, « Médiations », 2003

Quel avenir pour la recherche ?
(avec Alain Chatriot)
Flammarion, 2003

Le Gouvernement de la recherche
Histoire d'un engagement politique, de Pierre Mendès France au général de Gaulle (1953-1969)
(avec Alain Chatriot)
La Découverte, « Recherches », 2006

Le Colonel Mayer, de l'affaire Dreyfus au général de Gaulle
Armand Colin, 2007

Éditions critiques

Élie Halévy, *Correspondance 1891-1937*
préface de François Furet, textes réunis
et présentés par Henriette Guy-Loë,
notes de Monique Canto-Sperber, Vincent Duclert
et Henriette Guy-Loë
Éd. de Fallois, 1996

Jean Jaurès, *Les Preuves*
préface de Jean-Denis Bredin,
introduction de Madeleine Rebérioux
La Découverte, 1998

Le Parlement et l'Affaire Dreyfus. Douze années pour la vérité
Assemblée nationale et Société d'études jaurésiennes, 1998

Michel Rocard, *Rapport sur les camps de regroupement*
et autres textes sur la guerre d'Algérie
(avec Pierre Encrevé)
Mille et une nuits, « Document », 2003

« Écris-moi souvent, écris-moi longuement… »
Correspondance de l'île du Diable
préface de Michelle Perrot
Mille et une nuits, 2005

Savoir et engagement
Écrits normaliens sur l'affaire Dreyfus
Rue d'Ulm, 2006

Jean Jaurès, *Il faut sauver les Arméniens*
Mille et une nuits, 2007

RÉALISATION : PAO ÉDITIONS DU SEUIL
IMPRESSION : CORLET S.A. À CONDÉ-SUR-NOIREAU
DÉPÔT LÉGAL : AVRIL 2009. N° 99682 (119169)
Imprimé en France